L'économie en question

5-7, rue de l'École-Polytechnique, 75005 Paris
http://www.librairieharmattan.com
diffusion.harmattan@wanadoo.fr
harmattan1@wanadoo.fr

ISBN : 978-2-343-07824-3

Relecture : Françoise Grac.
Conception graphique : Mathieu Carron de la Carrière.
Photo de couverture : Nikada/iStock

L'économie en question

Regards et apports des spiritualités et des religions

Christian Barbéry, Foudil Benabadji, Tarik Bengarai
Abou Nour, Bernard Billaudot, Michel Boucher,
Rémi Caucanas, Lucile Charzat, Jean-Claude
Chauvigné, Bertrand Decoopman, Christian Delorme,
Georges Fabre, Albert Fachler, Marion Genaivre,
Gaël Giraud, Robert Giroud, Étienne Hayem,
Paula Kasparian, Serge-Christophe Kolm,
Mohammed El Mahdi Krabch, Philippe Langevin,
Edmond Lisle, Omero Marongiu-Perria,
Adrienne Philippe, Jean-Paul Rempp, Cécile Renouard,
Claude Riveline, Julien Rousset, Thibaut Tekla,
Laurent Vincenti

Textes rassemblés
par Jean-Luc Castel et Vincent Pilley

L'Harmattan

Dans la même collection

Religion, paix et non-violence, sœur Agnès Ploix, Alexandra Berghino, Hassan Ferechtian, Philippe Ronce, Philippe Moreau, sous la direction de Laurent Dervieu, L'Harmattan, 2004.

Vers une éducation à la paix, Alexandra Berghino, Marie-Laure Denès, Hassan Ferechtian, Tenzin Kunchap, Gilbert Presle, Marie-Lise Rescoussié, sous la direction de Laurent Dervieu, L'Harmattan, 2005.

Dialogues interreligieux pour une éthique de l'environnement, Évelyne Adam, Michael Amar, Yahia Baamara, Alexandra Berghino, Éric Collias, Hassan Ferechtian, Mohammed El Mahdi Krabch, Jean Labrousse, Émile Moatti, Anne Lelong Trolliet, Philippe Moreau, Noëlle Pons, Maurice Raetz, Hugues Ravenel, sœur Cécile Renouard, Philippe Ronce, André Thibaudeau, sœur Marie-Hélène Trebous, sous la direction de Laurent Dervieu, L'Harmattan, 2006.

Dialogues interreligieux pour le bien de notre humanité « L'autre », Michael Amar, Yahia Baamara, Hervé élie Bokobza, Louis Bureau, Brigitte Canat, Laurent Dervieu, Laurent Duval, Mohammed El Mahdi Krabch, Hassan Ferechtian, Patrice Grignon, Farid Khelifi, Claude Launay, Émile Moatti, Mohammed Ould Kherroubi, Bruno Plisson, sœur Agnès Ploix, Maurice Raetz, Jean-Paul Rempp, sœur Cécile Renouard, Chantal Simonnet, sœur Marie-Hélène Trebous, sous la direction de Laurent Dervieu, L'Harmattan, 2008.

Contribuer au bien vivre ensemble, Najib Abdelaoual, Yann Aber, Jacques Arnould, Christian Barbéry, Carole Beauxis, Shaykh Tarik Bengarai Abou Nour, Jean-Luc Castel, Claude Cohen-Boulakia, Georges Fabre, Albert Fachler, Éric Geoffroy, Françoise Grac, Samuel Grzybowski, Olivier Haie, Rafik Kermache, Philippe Leclercq, Edmond Lisle, père Louis Pontais, Pham Quang Lê, Jean-Paul Rempp, Sokkhaing Saur, Françoise Vauquois, sous la direction de Jean-Luc Castel et Vincent Pilley, L'Harmattan, 2012.

Cet ouvrage est l'écho des colloques « L'économie en question » organisés par le mouvement bouddhiste Soka, en 2013 et 2014, à Sainte-Foy-lès-Lyon, Nantes, Trets et Paris. **http://www.soka-bouddhisme.fr**

Sommaire

Biographies

Christian Barbéry est pasteur de l'Église protestante unie de France (anciennement Église réformée de France) à Grasse et Vence, après avoir été pasteur à Pamiers, Palaiseau et Paris. Il est actuellement président du Consistoire de la Côte d'Azur. Il est aussi vice-président de l'Association des pasteurs de France.

Foudil Benabadji est né en Algérie. Il a fait carrière à la Protection judiciaire de la jeunesse et à la Sauvegarde de l'enfance. Il est diplômé de l'École nationale de santé publique (ENSP) de Rennes, diplômé des Hautes Études des pratiques sociales (DHEPS) à l'université de Lyon II, et licencié en Sciences de l'éducation. Il est administrateur à la Conférence mondiale des religions pour la paix (CMRP) et au Comité directeur de la Fraternité d'Abraham.

Tarik Bengarai Abou Nour est président de CIFIE&Co et porte-parole du *Chari'a board* du CIFIE (Comité indépendant de finance islamique en Europe). Ancien membre de la commission finance islamique de Paris-Europlace, il enseigne la finance islamique dans le cadre de l'EMBA de l'université de Strasbourg. À son actif, des missions de *consulting,* conseils pour de grands groupes bancaires français et internationaux, des ouvrages de référence, notamment dans la finance islamique et le droit musulman, ainsi que des certifications en finance islamique pour divers clients.

Bernard Billaudot est professeur émérite de sciences économiques à l'université Pierre-Mendès-France de Grenoble. Il a été l'un des membres fondateurs de l'École de la régulation. Il travaille depuis plus de dix ans sur les rapports entre économie, science sociale et philosophie en proposant une vision renouvelée de la société moderne faisant suite à la société traditionnelle.

Michel Boucher, catholique, bénévole du CCFD-Terre solidaire (Comité catholique contre la faim et pour le développement), association française de développement, partenaire de tous ceux qui combattent la pauvreté et l'injustice.

Jean-Luc Castel pratique le bouddhisme de Nichiren. Agrégé de lettres modernes, il est conseiller en formation dans un rectorat. Il a participé à l'organisation des colloques interreligieux dont est issu cet ouvrage.

Rémi Caucanas, pratiquant catholique, membre de l'association Coexister et assistant de direction de l'Institut catholique de la Méditerranée (ICM) au moment où le colloque a eu lieu.

Lucile Charzat, diplômée d'un mastère spécialisé conseil en organisation après des études de littérature et un master en affaires européennes, est consultante depuis 2013. De confession catholique et sensibilisée depuis son enfance aux problématiques interreligieuses, elle a présidé le pôle lyonnais de l'association Coexister durant l'année 2012-2013.

Jean-Claude Chauvigné, animateur socioculturel, engagé dans la création d'une monnaie citoyenne pour le pays de Retz, bouddhiste au sein du mouvement Soka.

Bertrand Decoopman, bénévole du CCFD-Terre solidaire.

Christian Delorme, prêtre catholique du diocèse de Lyon, disciple de Gandhi et de Martin-Luther King, il est engagé depuis les années 1970 dans le dialogue interreligieux et dans les combats du « vivre ensemble ». Il a été l'un des initiateurs de la « Marche pour l'égalité et contre le racisme » de 1983.

Georges Fabre est prêtre-ouvrier à Lyon.

Albert Fachler est délégué du consistoire central des Juifs de France et médecin pédiatre. Très engagé dans le dialogue interreligieux, il est président de la communauté de Savoie et animateur de Bible ensemble et des Enfants d'Abraham. C'est aussi un homme de culture, impliqué dans l'association l'Œil et le festival du premier roman de Chambéry.

Marion Genaivre, pratiquante du bouddhisme de Nichiren, diplômée de philosophie à la Sorbonne et associée cofondatrice de la société Thaé, qui accompagne les organisations dans le travail du sens grâce à la philosophie.

Gaël Giraud, normalien, docteur en mathématiques, économiste en chef de l'Agence française de développement, directeur de recherché au CNRS, directeur de la chaire Énergie et Prospérité (École normale supérieure et École polytechnique), prêtre catholique, membre de la Compagnie de Jésus.

Robert Giroud, chef d'entreprise dans le domaine de l'art, la décoration et le mobilier, est ministre du culte au sein de l'Association cultuelle Soka du bouddhisme de Nichiren.

Étienne Hayem, spécialiste des monnaies complémentaires, initiateur du projet Symba de monnaies inter-organisations en Île-de-France.

Paula Kasparian. Docteur ès sciences économiques et docteur en philosophie, assure la direction des cycles de conférences Artisans de Paix depuis qu'ils existent (1997). Actuellement présidente des Artisans de Paix (www.artisans-de-paix.org), chargée de mission auprès du Programme de recherche et de formation n°4 d'AIDOP (Agence internationale diplomatie et opinion publique) « Pardon, réconciliation, justice », ainsi que présidente du séminaire spécialisé AIDOP/Artisans de Paix : « Spiritualité de l'interreligieux pour la paix » (www.aidop.org).

Serge-Christophe Kolm, diplômé de l'École polytechnique, ingénieur général des ponts et chaussées, directeur d'études à l'École des hautes études en sciences sociales, est connu pour ses nombreux ouvrages sur l'économie.

Mohammed El Mahdi Krabch est théologien à la mosquée El Boukhari d'Avignon. Juriste (avocat de formation) et chercheur en histoire du droit à Aix-Marseille Université.

Philippe Langevin, maître de conférences à l'université Aix-Marseille, spécialiste en économie régionale.

Edmond Lisle, diplômé d'un *Master of Arts* (MA) de l'université d'Oxford, docteur ès sciences économiques, a exercé en tant que professeur dans diverses universités, et aussi en tant que directeur du Credoc. Il a été directeur scientifique (sciences sociales) au CNRS, et premier directeur du Programme Chine de ParisTech, réunissant dix grandes écoles d'ingénieurs et neuf universités chinoises. Il est président d'honneur de l'Association des anciens et amis du CNRS et président de la Fraternité d'Abraham depuis 2008. (www.fraternite-dabraham.com)

Omero Marongiu-Perria, musulman, docteur en sociologie de l'ethnicité et des religions, spécialiste des diasporas musulmanes en Europe.

Adrienne Philippe, directrice commerciale et marketing, pratiquante du bouddhisme de Nichiren au sein du mouvement Soka.

Vincent Pilley s'est engagé sur la voie du bouddhisme de Nichiren à l'âge de 15 ans. Il est conseiller en gestion de patrimoine après avoir été enseignant, puis cadre commercial et manager dans l'industrie. Il est membre de la Fraternité d'Abraham et de l'association Artisans de Paix.

Jean-Paul Rempp est pasteur et théologien, mais aussi membre de la Pastorale protestante évangélique lyonnaise.

Sœur Cécile Renouard, religieuse de l'Assomption. Professeur de philosophie au Centre Sèvres (faculté jésuite de Paris), directrice du programme de recherches Codev-Entreprises et développement, de l'Institut Iréné de l'École supérieure des sciences économiques et commerciales (ESSEC), enseignante à l'Essec et à l'École des mines de Paris.

Claude Riveline. Ingénieur de l'École polytechnique, professeur à l'École des mines, engagé dans la vie intellectuelle de la communauté juive française.

Julien Rousset, conseiller financier, pratiquant du bouddhisme au sein du mouvement Soka.

Thibaut Tekla, responsable dialogue au sein de l'association Coexister. Consultant au pôle de recherche du Collège des Bernardins pour le projet *Agapan.fr* de formation à distance à la culture éthique et religieuse. Coordinateur de l'aumônerie de la paroisse Notre-Dame-de-la-Gare à Paris dans le XIIIe arrondissement.

Laurent Vincenti est pratiquant du bouddhisme de Nichiren. Consultant en positionnement d'entreprises et designer de marques, il est fondateur de l'agence Yuma. Il anime des conférences et intervient pour l'École des hautes études commerciales du nord (EDHEC) et l'École des hautes études en sciences de l'information et de la communication (Celsa) dans le cadre d'un *Master of Business Administration* (MBA).

Remerciements
Nous remercions pour leur aide à la retranscription et à la réalisation des actes des colloques : Carole Beauxis, Jean-Michel Bernard, Jean-Michel Cadieu, Éric Collias, Robert Giroud, Nicolas Goubkine, Patrice Grignon, Bruno Plisson, Françoise Vauquois.
Merci également aux modératrices et modérateurs des colloques : Rébecca Boulanger, Jean-Pierre Canat, Renaud Cardini, Juliette Fraboul, Paula Kasparian, Soundousse Mariongu, Françoise Vauquois.

Avant-propos

Jean-Luc Castel et Vincent Pilley

Ce nouveau volume de la collection « Spiritualités en action » offre à ses lecteurs la parole des intervenants aux quatre colloques organisés par le mouvement Soka en 2013 et 2014, à Sainte-Foy-lès-Lyon, Trets, Paris et Nantes, sur le thème : « L'économie en question : regards et apports des spiritualités et des religions. »

Oser questionner les faits, interroger les évidences, voire les dogmes, prendre de la hauteur ou de la profondeur pour regarder autrement, capter la lumière bienfaisante de la spiritualité, savoir s'appuyer sur les messages des prophètes des différentes religions, chercher encore et toujours à créer du bien, du bon, du beau, prendre des responsabilités, dire haut et clair ce que l'on pense juste, ce que l'on croit vrai, voilà comment a débuté l'aventure de ces quatre rencontres, rapportées ici dans cet ouvrage. La décision d'organiser ces colloques est née d'une prise de conscience, commune à des personnes humanistes et de bonne volonté, de toutes croyances ou confessions, de leur volonté de relever le défi de réhumaniser l'économie, pour le bien de la communauté humaine.

La préparation fut joyeuse et riche de sens ; avant tout et après tout, c'est bien les liens d'amitié, l'espoir et la détermination d'avancer ensemble, en dépit des obstacles, que nous retiendrons.

À Nantes, l'un des intervenants pose la question suivante : « C'est nous qui donnons à l'argent son pouvoir, et, aujourd'hui, il nous emmène là où nous ne voulons pas aller. Est-il alors possible de donner notre pouvoir à quelque chose qui nous emmène là où nous voulons aller[1] ? »

1. Dans ce volume à la page 152.

Les participants à ces rencontres font le constat des tensions entre les valeurs éthiques universelles et les réalités économiques, tentent une mise en perspective de ces tensions et partagent leurs expériences et leurs projets. Ce n'est pas la crainte et le découragement qui l'emportent dans leurs propos et propositions, mais un optimisme lucide et un courage qui se veulent communicatifs.

L'initiative de ces rencontres est née aussi de l'expérience de plusieurs colloques interreligieux organisés par le mouvement Soka depuis 2001 sur le thème commun « D'une volonté de paix vers une culture de paix », et dont les actes ont été publiés par les éditions L'Harmattan. Dans ce passé récent, et souhaitons-le dans l'avenir, ces forums audacieux nous rendent bénéficiaires des « regards et apports des spiritualités et des religions ». Forts de leur engagement pour l'humanité, des croyants ne restent pas à l'écart des turbulences du monde, protégés par la sérénité de leur sagesse, mais se recueillent, étudient, dialoguent, agissent, pour que la misère recule et que la paix progresse. À Trets, l'un d'eux soutient que « finalement, rien dans la vie n'est la proie de la fatalité : ni la crise tout court, ni la crise économique, ni les mécanismes aveugles que nous pouvons subir[2] ». C'est ce que les traditions spirituelles et religieuses appellent la foi, non oriflamme d'un dogme ou d'une église, mais force d'amour protectrice de la vie et au service de l'humanité.

Par nature, les jeunes gens sont les premiers à vouloir se jeter dans la bataille, mais ce sont eux aussi qui souffrent les premiers. Nous sommes très heureux d'avoir été rejoints dans cette équipée par de jeunes acteurs de l'association Coexister : ce n'est d'ailleurs pas la première fois que nous les accueillons. À Nantes, ils ont aidé les organisateurs à animer les échanges entre les intervenants, avec la salle, et ont conclu la rencontre en partageant leur enthousiasme et leur volonté de soutenir toutes initiatives de ce genre. Ces jeunes méritent tous nos encouragements. À Sainte-

---

2. Dans ce volume à la page 71.

Foy-lès-Lyon, l'une d'elles a dit : « Une de nos forces est que nous avons grandi avec la désillusion. Et cette désillusion a créé dans notre vie un fort esprit de recherche[3]. » À Paris, une jeune intervenante raconte comment, à partir de son désir profond et de son cheminement, elle a cofondé « sa propre structure pour accompagner les organisations dans l'appréhension du sens de ce qu'elles font (pourquoi et comment) par la pratique de la philosophie[4] ».

Dans une France affligée par les bouleversements du monde, nous espérons que ce livre sera lu *aussi* par les pessimistes et les inquiets, par celles et ceux qui souffrent, il est comme une fontaine d'eau fraîche dans un jardin trop sec. Quel bonheur de reprendre des forces à l'écoute de ces témoignages généreux, éclairés et solidaires !

Nous exprimons toute notre reconnaissance à ces femmes et à ces hommes qui ont eu la générosité, l'audace même de venir partager leurs points de vue. Ces personnes nous invitent à croire que notre société peut changer.

3. Dans ce volume à la page 41.
4. Dans ce volume à la page 100.

Préface

Gaël Giraud

Confier à un catholique le soin de préfacer le livre qui suit relève d'un pari. De quel « droit », en effet, puis-je oser une parole qui, de quelque façon, introduise à celle de la trentaine de contributeurs qui s'expriment dans les pages à venir ? Et y parvienne sans « impérialisme religieux » ?

I

La multiplicité des traditions religieuses ou spirituelles, des continents ou des cultures qui se font entendre ici interdit toute tentative de « synthèse » universelle. Car celle-ci serait forcément condamnée à une abstraction que Thibaut Tekla dénonce à juste titre dans l'œuvre de Rawls (p. 125). Sans doute cette abstraction-là est-elle l'une des réponses que la modernité occidentale est tentée, depuis les Lumières, d'apporter à l'énigme du lien social à laquelle elle se trouve désormais confrontée : le consentement au pluralisme religieux enfin inscrit dans un cadre politique commun oblige à renoncer à toute tentative théocratique et à rechercher dans une discussion politique pacifiée une issue aux « guerres de religion ». Or pareil consentement rend désormais explicite le mystère radical du lien social : si le souverain n'est plus le représentant de Dieu, pourquoi, au nom de quoi ou de « qui », vivons-nous ensemble ? Qu'avons-nous en commun qui fonde le « vivre avec » (George Fabre p. 48) par-delà – à moins que ce ne soit grâce à... ? – la singularité de nos existences ?

L'abstraction – celle d'une certaine lecture de Kant qui, jusqu'à aujourd'hui, privilégie la première *Critique* sur la troisième – devient alors une tentation aussi puissante que redoutable : nier le caractère irréductible de nos singularités pour s'en remettre à des « lois », un droit, dont on aurait oublié le caractère historiquement et géographiquement situé, l'origine elle-même singulière. Ce risque de l'abstraction, comment ne pas le percevoir aujourd'hui dans le droit international et les difficultés que rencontrent les institutions multilatérales qui le portent à faire valoir une alternative crédible à la violence de la « loi du plus fort »? À moins que certains ne tentent de se prévaloir d'un tel droit pour dissimuler leur propre violence ?

Une pente analogue vers l'abstraction pourrait inciter le lecteur ou la lectrice à entendre dans les pages qui suivent un dialogue entre « représentants » des principales religions et spiritualités du monde. Ce livre ne peut pas prétendre au statut d'un tel forum, d'abord, parce que plusieurs traditions y sont absentes, même si l'on se limite aux religions présentes au sein de l'Hexagone. Et comment pouvait-il en être autrement à l'intérieur des contraintes qu'impose un colloque situé dans le temps et l'espace ? Ensuite, parce que l'organisation interne des différentes communautés religieuses induit des statuts de prise de parole différenciés : que l'on soit croyant ou non, force est de reconnaître que le magistère ecclésial catholique romain, par exemple, revendique un mode de parole auquel n'aspire aucune instance de la *umma* musulmane ou de la diaspora juive. Ensuite, parce que l'islam de France, par exemple, n'est pas l'islam du Maghreb ou d'Indonésie. Enfin, et surtout, parce que chacun des auteurs de ce livre-colloque écrit à titre personnel, s'engage en son nom propre. À travers une tradition religieuse qu'il ou elle assume et fait vivre de manière irremplaçable, unique.

Ce livre lui-même est donc travaillé, dans son projet même, par le paradoxe de la modernité évoqué à l'instant : écrit par une multitude de mains singulières, dont aucune ne peut prétendre prendre la place de l'autre, il présuppose néanmoins qu'un avenir commun peut advenir de la discussion. Une discussion où le droit et une certaine visée universelle ont certainement leur place, mais un droit qui ne serait pas amnésique de ses propres conditions d'élaboration. Pari sans garantie. Acte de « foi », donc. Et qu'aucun d'entre nous ne peut poser à la place de l'autre.

La place du préfacier est tributaire d'un tel pari : ne doit-il pas signaler, annoncer, prophétiser cet acte de foi ? Ou encore, à la manière d'un sourcier, n'est-il pas invité à se réjouir pour la « foi » qu'il découvre sous la plume des auteurs de ce livre ? Mais, et c'est là qu'apparaît la difficulté, puisque la position de surplomb universaliste est interdite – elle qui forclôt le paradoxe du vivre-ensemble en le croyant résolu, courant le risque d'une violence redoublée –, le préfacier ne peut tenter une telle annonce que depuis un point de vue lui-même singulier. Sa tradition religieuse particulière lui fournira-t-elle les ressources pour ne pas tenter d'abuser d'une telle tribune en imposant « sa » loi ? De quel « droit » osera-t-il prendre la parole, disions-nous, sinon, de nouveau, par un acte de foi sans garantie ?

C'est à l'endroit exact de ce paradoxe que se situe ce livre. Celui où chacun de nous – juifs, bouddhistes, chrétiens, musulmans... – est sommé d'oser une démarche d'hospitalité radicale, consistant à entrer en dialogue avec ce que l'autre a de plus irréductiblement singulier (puisque c'est depuis cette singularité, à partir de l'acte de foi inaliénable en la possibilité d'un avenir commun, qu'il s'adresse à moi). Cela exige que chacun d'entre nous se livre à l'expérience de devoir prendre la place de l'autre (l'écouter vraiment) tout en gardant la sienne propre[1]. Une hospitalité à la fois nécessaire et impossible. Nécessaire car, sans elle, nous retournons à la violence pré-moderne d'une théocratie ou de la « loi du plus fort » la plus barbare. Impossible car elle suppose une ouverture inconditionnelle à l'altérité que, pourtant, je ne

1. Cf. Christoph Theobald, « La règle d'or chez Paul Ricoeur, une interrogation théologique », *Recherches de Science Religieuse*, 83/1 (1995), pp. 43-59.

peux pas vivre autrement que dans le contexte étroit de ma propre culture, de mon habitus, de mes coutumes.

Cette hospitalité, c'est celle dont Jacques Derrida, en héritier incroyant des traditions juives sépharades, aura décrit l'exigence paradoxale[2] et que le théologien jésuite Christoph Theobald invite à discerner comme « style messianique »[3]. Elle suppose une audace « expérimentale », qui est à reprendre chaque jour et qui n'aura jamais la moindre garantie de succès. On peut l'entendre non seulement à travers la « bienveillance » dans la tradition juive (Claude Riveline, p. 120) ou encore la « solidarité » au sein de l'islam (Mohammed El Mahdi Krabch, p. 78), mais encore en contrepoint de *chacune* des contributions qui suivent.

II

Or l'impératif d'hospitalité se trouve bouleversé aujourd'hui par la sphère économique. Certes, comme le rappelle Étienne Hayem (p. 151), s'appuyant sur David Graeber, le lien entre les dettes et l'esclavage existe depuis cinq millénaires, et ce que les institutions européennes font subir à la population grecque n'est hélas pas nouveau. Quelque chose de neuf s'impose pourtant à nous depuis quelques années, qui exige un « diagnostic » à la manière de celui que risque Edmond Lisle (p. 109). Pareil déchiffrage peut provoquer une prise de conscience de la double collision dont plusieurs des auteurs qui suivent s'accordent à pressentir qu'elle est grosse d'une violence inédite. Primo, l'emprise croissante, à la faveur de la globalisation marchande entamée voici une quarantaine d'années, d'un néo-libéralisme qui parvient à mettre en péril le lien social lui-même. En premier lieu à travers les désastres que provoquent les crises à répétition qui caractérisent une

---

2. Jacques Derrida, *De l'Hospitalité*, Calmann-Lévy, 1997.
3. Cf. Christoph Theobald, *Selon l'Esprit de sainteté*, Cerf, Cogitatio Fidei, 2015, p. 161.

sphère marchande et financière dérégulée[4]. Ces dévastations mettent à l'épreuve la capacité de nos sociétés à régénérer le lien social là où il a été déchiré. Rien ne garantit que ces différentes « thérapies du choc » ne viendront pas à bout de ce que l'on pourrait baptiser la « résilience » des sociétés humaines au programme néo-libéral de privatisation du social.

Aussi la quête qui court à travers les pages qui suivent est-elle celle des oasis où chaque société, chacun de nous, peut puiser l'énergie de résister. Où sont les sources d'eau vive qui redonne(ro)nt à nos sociétés le goût et la créativité de vivre ensemble ? Elles sont nombreuses, mais les identifier suppose un travail sur nous-mêmes qui fait partie, d'une manière ou d'une autre, de la plupart de nos traditions spirituelles. L'éveil du Sûtra du Lotus, tel que Nichiren Daishonin l'a donné à vivre dans le bouddhisme du Grand Véhicule, ne promet-il pas de faire naître une « puissante force vitale » (Robert Giroud, p. 56) ?

Reste que confiner l'expérience spirituelle et religieuse au rôle de « correctif » pour des sociétés guettées par la tentation de l'auto-destruction ne serait pas faire droit à la radicalité qui habite cette expérience : la mystique de l'hospitalité qui transfigure l'expérience humaine ne se vit pas comme seconde par rapport à une fabrique du lien social qui lui resterait étrangère. Elle vise bien d'avantage : accéder au cœur du mystère du lien lui-même – ne fût-ce que pour constater que le mystère s'approfondit à mesure que j'y pénètre... Cette ambition lui confère aussi un devoir, une exigence, une « responsabilité » (Jean-Paul Rempp p. 60, Omero Marongiu-Perria p. 156) : celle d'indiquer les ressources qui permettent non seulement de résister, mais aussi de changer les règles du jeu (Cécile Renouard, p. 116).

4. Que l'on songe à la crise des pays d'Amérique latine au cours des années 1980, à l'explosion de la bulle immobilière japonaise en 1990, à la crise mexicaine de la tequila en 1994, à celle de la Russie et de l'Asie du Sud-Est en 1997-1998, à la bulle dot.com de 2001, à la crise des *subprimes* de 2007-2009, à celle des dettes souveraines européennes depuis 2010...

C'est en ce sens que, dans la tradition jésuite, la foi n'est pas séparable de la justice.

Le second bouleversement contemporain qui renouvelle profondément le rapport des traditions religieuses à la sphère du débat public, c'est évidemment le dérèglement climatique. En témoignent l'encyclique *Laudato Si'* – qui adresse à l'ensemble de la « famille humaine » un appel à prendre soin d'une maison commune – et, surtout, son extraordinaire réception dans l'opinion publique mondiale, croyante ou non. Deux mois après la parution de l'encyclique, le 18 août 2015, des intellectuels et des dignitaires religieux musulmans, issus d'une vingtaine de pays, lançaient à Istanbul un appel en faveur d'un accord ambitieux lors du sommet intergouvernemental sur le climat de la COP21, en décembre 2015. Entre-temps, le Sommet des consciences s'était réuni à Paris le 21 juillet 2015, à l'initiative de Nicolas Hulot, autour d'une quarantaine de personnalités religieuses, pour, à leur tour, interpeller la communauté internationale. Autant d'initiatives qui témoignent de l'urgence, pour les communautés spirituelles, d'unir leurs énergies et de l'attente que la société civile, assoiffée d'authenticité, adresse aux croyants.

III

Comment articuler nos différences spirituelles dans un tel contexte ? La parabole des trois anneaux écrite par le luthérien Gotthold Ephraim Lessing dans sa pièce, *Nathan der Weise* (1779), fournit une ébauche de réponse à cette interrogation[5]. Il y est question d'un roi qui, en mourant, laissa trois fils pour gouverner le royaume. Voilà que chacun des trois se prétend l'héritier légitime puisqu'il a reçu de son père l'anneau du pouvoir royal. C'est donc que deux des trois anneaux sont des « faux ». Intentionnellement

5. Christoph Theobald, *Le christianisme comme style*, Cerf, Cogitatio Fidei, p. 779 sq.

confectionnés par le défunt ? On ne sait pas. Et, si tel devait être le cas, on ignore le dessein d'un tel stratagème. Le sage Nathan propose néanmoins une issue au conflit de légitimité qui menace d'opposer les trois frères : « Certes, explique-t-il en substance, nul ne sait aujourd'hui qui est le porteur de l'anneau véritable. Mais l'histoire nous l'enseignera : l'anneau authentique est celui qui inspirera à son porteur l'attitude de vie la meilleure. » C'est donc à la fin de l'histoire que nous saurons qui était véritablement l'héritier légitime.

Pour l'*Aufklärer* qu'était Lessing, les trois anneaux figuraient évidemment les trois religions qui revendiquent l'héritage abrahamique. Non seulement, suggérait-il, il leur est possible de coexister pacifiquement, à la manière des communautés qui firent la gloire de Cordoue, mais encore le principe qui peut réguler cette coexistence n'est autre qu'un renvoi eschatologique à l'éthique personnelle de chaque communauté éprouvée dans la durée et l'épaisseur de l'histoire.

De nos jours, l'échiquier des traditions religieuses en présence s'est évidemment complexifié et enrichi : y sont présentes les religions des cinq continents. Mais la suggestion de Lessing demeure d'actualité. Et si une « saine » concurrence éthique était l'aiguillon capable d'organiser nos dialogues interreligieux ? Un *ethos* aimanté par le paradoxe d'une *philoxenia* dont les deux versants ont été esquissés plus haut – l'aptitude du sourcier à dénicher des oasis capables de régénérer le lien social ; la faculté de changer les règles du jeu – et qui est plus que jamais mise à l'épreuve, aujourd'hui, par le double défi de l'auto-destruction néolibérale et du dérèglement climatique. Emmanuel Levinas voyait dans l'hospitalité au visage de l'autre la marque de la « sainteté ». Ne serait-ce pas ce à quoi aspire chacune des traditions spirituelles qui se font entendre dans les pages qui suivent ?

C'est dans cette quête commune de la sainteté que l'on peut consentir à la « compétition » des *ethos* eschatologiques à laquelle nous invite Lessing et à laquelle, déjà, conviait Paul dans la Première Épître aux Corinthiens (chap. 8 et 9). Une compétition dont la récompense ultime s'obtient à la condition paradoxale de renoncer à tout « droit » sur autrui. La question de savoir si telle tradition religieuse sera seule à remporter le prix perd alors toute pertinence[6].

Quant au « droit » par lequel le préfacier s'autorise à remplir sa fonction, il n'est autre, dès lors, que l'acte même par lequel ce dernier s'efforce de renoncer à tout « droit ».

6. Christoph Theobald, *Le christianisme comme style*, op. cit. p. 757.

CHAPITRE PREMIER

Éthiques individuelles et morale collective, des expériences au projet

Foudil Benabadji, Bernard Billaudot,
Lucile Charzat, Christian Delorme,
Georges Fabre, Albert Fachler,
Robert Giroud, Jean-Paul Rempp,
Julien Rousset.

À Sainte-Foy-lès-Lyon,
Domaine Lyon Saint-Joseph

Les principes de la finance islamique

Foudil Benabadji

La crise d'aujourd'hui est d'une ampleur vertigineuse. Les États tentent de contrer certaines dérives en économie, mais la loi peut-elle garantir la moralité ? On s'étonnera peut-être qu'un instrument de réflexion interreligieux s'intéresse ainsi à des questions d'argent. Or les problèmes d'aujourd'hui pourraient être aussi d'ordre moral. Nous le constatons, l'argent déconnecté de la morale conduit à la corruption : on agresse pour prendre l'argent qui ne vous appartient pas, on triche avec l'État ou on s'expatrie pour échapper aux impôts.

La morale est une règle de vie à laquelle un individu adhère et s'astreint par conviction. Les personnes se réclamant d'une religion n'ont-elles pas leur mot à dire ? Nous devons nous inscrire dans le sillage philosophique de trois géants de la pensée morale et politique au XXe siècle : le catholique Emmanuel Mounier (1905-1950), le juif Emmanuel Levinas (1906-1995) et le protestant Paul Ricœur (1913-2005). Qu'en est-il dans le monde musulman ?

Modèle économique islamique

Le modèle économique islamique a pour but de libérer les économies des pays musulmans du poids de l'exploitation de l'homme par l'homme. L'économie islamique aspire à un idéal de société où les besoins humains fondamentaux sont satisfaits, où les ressources sont utilisées de manière optimale, où les richesses sont partagées équitablement. Dans le système islamique, le musulman doit accomplir son travail au maximum de son potentiel, en se gardant de gêner l'effort productif des autres et en évitant de porter atteinte à l'intérêt de ses frères en religion. Quant aux normes de consommation, elles sont destinées à assurer la parfaite solidarité entre les musulmans : obligation est faite aux riches d'aider les pauvres, car l'homme en islam n'est pas propriétaire, mais simplement dépositaire de la richesse, qui n'appartient qu'à Dieu. Il s'ensuit que le parfait musulman ne doit pas dépenser ses ressources dans le jeu, les boissons alcooliques, la fornication, ni dans toute consommation ostentatoire et extravagante.

Ce n'est pas par hasard si la parole de Dieu en islam annonce la *zakât* (ou *sadaka* chez les juifs), c'est-à-dire l'aumône obligatoire. La *zakât* est le troisième pilier de l'islam. Il s'agit d'une forme de charité obligatoire pour tout musulman qui le peut. Étymologiquement, le mot *zakât* signifie purification et accroissement. La *zakât* s'inscrit ainsi dans le principe de partage des richesses prônées par l'islam : les biens matériels sont considérés comme un cadeau de Dieu, qui exige de l'homme la responsabilité de savoir les gérer. Un des objectifs de la *zakât* est donc de purifier l'âme humaine de l'avarice, de l'avidité et de la convoitise et limiter l'accumulation et la concentration de biens chez une minorité de riches.

« Soyez assidus à la prière, faites l'aumône, vous retrouverez auprès d'Allah le bien que vous aurez acquis à l'avance, pour vous-même[1]. » – « Prélève une aumône sur leurs biens pour les purifier et les rendre sans tache[2]. » Aux yeux du croyant, l'injustice dans la répartition des biens appelle une révolution des consciences. Le rapport à l'argent doit changer grâce à l'éducation, par une mutation économique pour un nouvel ordre mondial.

La prédiction du prophète Mohammed était une protestation contre la mauvaise répartition des richesses. Durant l'époque mecquoise, la situation en Arabie était catastrophique. Les pauvres et les femmes étaient totalement exploités. L'islam a commencé par cette prise de conscience

1. Le Coran (II, 110).
2. Le Coran (IX, 103).

de la fraternité entre pauvres et riches. Les richesses sont à partager. La part des pauvres est dans l'argent des riches. Dans le Coran, la richesse est une épreuve aussi bien pour celui qui la possède que pour celui qui en est dépourvu. Dans l'esprit du Coran, l'argent ne doit pas stagner, il doit circuler. C'est pourquoi l'épargne est interdite.

La finance islamique moderne

La finance islamique moderne a commencé à se développer au début des années 1970 avec la flambée du prix du pétrole. Fondée sur les principes de la charia qui imposent justice, équité et transparence, la finance islamique se distingue des pratiques financières conventionnelles par une conception différente de la valeur du capital et du travail.

Aux débuts de l'islam, les principaux échanges financiers étaient des partenariats entre le prêteur et l'emprunteur, fondés sur un vrai partage des profits et des pertes. Les riches marchands d'Arabie finançaient, par exemple, les caravanes de commerce, qui devaient partager les profits lors d'une opération réussie mais pouvaient aussi perdre la totalité ou une part de leurs investissements si la marchandise était volée, perdue ou vendue à un coût moindre. Cette logique est similaire au capital-risque actuel, dans lequel les financiers lient leur destin aux sociétés dans lesquelles ils investissent.

Le système financier islamique exige également que toute transaction financière se fonde sur un actif tangible afin de permettre le partage des pertes et profits que cet actif génère. Cela permet aux investissements – uniquement dans les secteurs licites de l'islam – d'être liés à l'économie réelle et ainsi de profiter au maximum d'individus dans la société.

De plus, l'islam prône l'interdiction de l'utilisation du *riba* (usure). Cela semble, selon l'orientaliste français Jacques Austruy[3], être l'une des conséquences de l'égalitarisme

3. *L'islam face au développement économique*, collection Économie et humanisme, Les éditions ouvrières, Paris, 2006.

recherché dans la loi musulmane. Car, d'après lui, cette interdiction est fondée sur la double affirmation que le temps appartient à Dieu seul et ne peut être vendu, et que l'argent, en lui-même, n'est pas productif. De même, il est interdit de gagner de l'argent par la spéculation ou les jeux de hasard.

En résumé, le modèle financier islamique repose sur cinq piliers principaux :

- L'interdiction du *riba* (usure),
- L'interdiction du *gharar* (spéculation) et du *maysir* (incertitude),
- L'exigence d'investissement dans les secteurs licites,
- L'obligation de partage des profits et des pertes,
- Et enfin le principe d'adossement des investissements à des actifs tangibles de l'économie réelle.

La finance islamique peut-elle donner une dimension morale au capitalisme ? Oui, selon Christine Lagarde, alors ministre de l'Économie, qui avait affirmé lors de l'ouverture du G20 en 2008 que « la finance conventionnelle doit s'inspirer des principes de la finance islamique » pour limiter les risques systémiques et les crises financières violentes telles que celle dite des « *subprimes* » qu'ont connue les États-Unis et l'Europe. La spéculation, la titrisation à outrance n'auraient pas pu avoir lieu dans un modèle de finance qui impose aux banques le partage des risques, qui remet l'activité productive et l'économie réelle au cœur du système. C'est en cela que la finance islamique, dans ses principes et ses dimensions éthique et solidaire, peut servir de modèle d'inspiration pour redonner une dimension morale au capitalisme, le « civiliser » et repenser le capitalisme financier.

De la raison essentielle pour laquelle l'activité économique dans notre société « moderne » pose des problèmes aux membres d'une communauté spirituelle

Bernard Billaudot

Un chercheur scientifique se fixe pour objectif d'expliquer « ce qui est ». Je retiens des autres interventions de ce colloque qu'elles ont rendu manifeste un « fait » : l'organisation, le fonctionnement ou les résultats effectifs de l'économie ne s'accordent pas, ou mal, avec l'organisation, le fonctionnement ou les résultats souhaités par les diverses communautés spirituelles. Je vais tenter ici d'expliquer ce « fait », de situer l'origine de ces tensions.

J'évoque d'abord l'économie et les normes-règles qui permettent son organisation. Je remonte dans un second temps à la façon dont ces règles en vigueur ont été et sont encore justifiées. Je mettrai en évidence que le « fait » à expliquer – les tensions dont je viens de parler – est causé par ce mode de justification. Ma conclusion sera que ce mode est en crise et qu'un autre mode est logiquement envisageable pour l'avenir.

L'économie. Les principales normes-règles qui président à son fonctionnement

Dans le monde dans lequel nous vivons, l'économie est un domaine bien identifié au sein de l'ensemble de la vie sociale. Des normes-règles sociétales, à la fois tacites (habitudes, conventions) et codifiées (lois, conventions collectives) président au fonctionnement de ce domaine et en font un ordre économique.

La première, sans laquelle cet ordre n'existerait pas, est l'usage d'un instrument, la monnaie, pour régler un grand nombre de dettes. Ces dettes sont d'abord liées à la mise à disposition de quelque chose par une personne A à une personne B. Le règlement en monnaie permet à B d'apurer sa dette.

Une deuxième norme-règle est que l'effet visé d'une activité appartient à celui qui s'active. Ainsi, l'effet visé d'une activité de production, qui est un produit, appartient au producteur.

À cette norme-règle s'en ajoute une autre : la possibilité offerte au producteur de céder ce droit à quelqu'un d'autre contre monnaie, ce qu'on appelle couramment « vendre sa production ».

On va voir comment ces normes-règles ont été légitimées et pourquoi elles sont actualisées par des pratiques qui s'y conforment.

Le mode de justification générale pratiqué dans les sociétés modernes : la justification en priorité du juste

Les règles sociétales ont toujours été justifiées, mais la façon de les justifier a changé. Ainsi, dans les pays européens, le prêt contre intérêt est interdit au Moyen Âge, alors qu'il y est définitivement autorisé à partir du XIXe siècle. Ce changement ne peut provenir que d'un changement du mode de justification.

Je m'en tiendrai au grand changement intervenu en matière de justification des règles sociétales avec l'avènement de la société « moderne » (notamment en Europe occidentale après la Renaissance) : passer de la justification en antériorité du bien à la justification en priorité du juste.

L'antériorité du bien sur le juste

Les membres des groupes humains (tribus, royaumes, empires...) partagent une idée commune du bien. Le bien est ce qui, selon les êtres humains, devrait être visé dans leur vie. Faire le bien (ce qui est visé) s'oppose alors à faire le mal. On se réfère à cette idée du bien pour justifier les règles sociétales. Une norme-règle juste habilite et contraint les membres du groupe à faire le bien (éviter le mal). On est en présence d'une antériorité du bien sur le juste.

De l'antériorité du bien à la priorité du juste ou du bien

Avec l'époque moderne, l'individu est libre de choisir son idée du bien. On ne peut donc plus justifier les règles sociétales en antériorité du bien sans une idée commune du bien. Pour autant, tout vivre-ensemble pacifié impose que les membres du groupe aient quelque chose en commun. Une solution serait de justifier en « antériorité du juste sur le bien ». Cela impliquerait que l'on s'entende sur ce qui est juste sans se référer d'aucune façon à une idée du bien. C'est impossible, sauf à justifier l'utilisation de la force physique pour imposer des règles sociétales « légales ».

Une nouvelle façon de justifier s'impose alors : la « priorité », mais priorité du juste ou priorité du bien ? En priorité du bien, on ne peut dire ce qui est juste sans se référer à une certaine idée du bien ; or il n'y a pas d'idée commune du bien. En priorité du juste, on ne peut se faire une idée du bien sans se référer à une idée du juste. On tourne en rond. Une solution a alors été inventée : quelle que soit la priorité choisie, on se réfère à une norme appelée valeur. Les trois valeurs fondamentales modernes sont la liberté, l'efficacité technique (dans l'usage des objets de toute sorte) et le collectif (le « nous » des humains qui vivent ensemble et doivent convenir de règles justes).

À chaque valeur de référence est associée une catégorie de bien appelée bien supérieur. On associe à la liberté la richesse, c'est-à-dire l'ensemble des biens dont on peut disposer sans qu'il soit nécessaire que d'autres en disposent. À l'efficacité technique est associée la puissance (au sens de la capacité de faire), qui comprend la santé, l'instruction et la sécurité : les biens dont on ne peut disposer sans que les autres en disposent. Le collectif est associé à la reconnaissance, un bien apporté par les autres (les autres membres du « nous » qui reconnaissent un individu comme un des leurs).

Chacune de ces trois valeurs peut être envisagée comme une valeur sociale (relative aux rapports des hommes entre eux) ou une valeur éthique (relative à soi-même). En priorité du juste, les valeurs en question sont des valeurs sociales. Ainsi, lorsque l'on se réfère à la liberté, il s'agit de la liberté-compétition et l'on justifie les règles qui conduisent à plus de richesse pour tous.

La priorité du juste pose problème aux tenants d'une spiritualité

Le problème que pose ce mode de justification (comme d'ailleurs la priorité du bien) est celui de la pluralité des valeurs de référence. Comme les positions sociales ou les références spirituelles ne sont pas les mêmes pour tous, on a peu de chance de converger sur une valeur de référence. Il faut alors trouver un compromis. Le Droit est l'instrument (neutre par définition) qui permet de mettre en forme de tels compromis.

Puisque chacun a sa propre idée du bien, qui préside à la conduite de sa vie, le mode de justification pratiqué en privé n'est pas nécessairement cette « priorité du juste », qui s'applique aux règles publiques. Ce peut être une justification en antériorité du bien, l'idée du bien étant donnée par une spiritualité particulière. Mais des tensions ne manquent pas de se produire lorsqu'une personne doit se conformer à une règle publique telle que, si elle la suit, elle ne « fait pas le bien » selon sa spiritualité. Or la « priorité du juste » exclut que l'on conteste les règles en vigueur dans l'espace public en se référant à une spiritualité particulière.

Conclusion : justifier en se référant à une valeur sociale n'est pas la fin de l'histoire humaine

Faut-il, pour les membres de communautés spirituelles qui vivent ces tensions, se résoudre à les accepter parce qu'inévitables ? Tel devrait être le cas si le respect du pluralisme des spiritualités ne pouvait s'accorder qu'à la « priorité du juste ». Or ce pluralisme impose seulement la « priorité », aussi bien la « priorité du juste » que la « priorité du bien ». En « priorité du bien », on justifie l'institution des règles sociétales en se référant à des valeurs éthiques. La liberté est alors la liberté-accomplissement personnel (celle qui commence avec celle de l'autre) et non plus la liberté-compétition (celle qui s'arrête où commence celle de l'autre). L'efficacité technique est à la fois écologique et personnelle ; elle n'est plus instrumentale et collective (voir le taylorisme) comme lorsqu'il s'agit d'une valeur sociale. Le collectif n'est plus une nation mais toute l'humanité. Les biens supérieurs ne sont plus visés, ce sont des moyens au service de l'excellence en liberté, en efficacité ou en reconnaissance. Mais trop de richesse, de puissance ou de reconnaissance nuit à l'excellence.

Les tensions évoquées plus haut devraient en principe être moindres en priorité du bien qu'en priorité du juste, en raison de la place tenue par l'éthique.

Pour que des actions visant à changer le mode de justification (actualiser la « priorité du bien ») aient des chances d'aboutir, il faut que le mode de justification « en priorité du juste » soit entré en crise. Or c'est à mon avis le cas en ce début de XXIe siècle : la mondialisation économique impose de se préoccuper de la justice à l'échelle du monde ; la crise écologique appelle des réponses mondiales ; l'objectif de la croissance économique est contesté, l'éthique a fait irruption dans les débats de justification de certaines règles publiques, avec un effacement de la frontière classique entre espace public et espaces privés. La première modernité, fondée sur la « priorité du juste », touche à sa fin. Mais ce n'est pas la fin de l'histoire. L'avenir est donc ouvert.

Économie et spiritualités vues de la génération Y

Lucile Charzat

Je souhaite aborder aujourd'hui le difficile positionnement de la génération Y, dont je fais partie, dans le cadre tant de l'économie actuelle que de la spiritualité. Qu'est-ce que cette génération Y ? J'évoquerai surtout ici la génération née entre les années 1980 et 1995, celle qui compose la plus grande partie de l'association Coexister[4] dont je fais partie. Cette génération, c'est un petit peu la génération « pas de bol ».

Arrivés après la génération 1968 et son célèbre « interdit d'interdire », nous avons pour la plupart manqué de repères au cours de nos plus jeunes années. Une fois au collège ou au lycée, on nous a reproché de ne plus savoir écrire correctement (génération MSN/SMS), de ne plus savoir lire (sauf *Harry Potter*), de ne plus savoir calculer mentalement (babysittés par les calculatrices), etc.

---

4. Coexister, le mouvement interreligieux des jeunes, a été créée le 14 janvier 2009 à l'issue d'un meeting pour la paix à Paris, qui faisait écho au conflit israélo-palestinien. L'aventure commence avec 11 jeunes juifs, chrétiens et musulmans sous le slogan « Diversité dans la foi, Unité dans l'action ». Ensemble ils organisent la première opération « Ensemble à Sang % » et recueillent 150 dons de sang.
Le jeune groupe Coexister est devenu une association loi 1901 le 11 septembre 2009 dans le but d'explorer toutes les dimensions de l'interreligieux chez les jeunes. Aujourd'hui les jeunes de toutes les religions se donnent cinq domaines d'actions : le dialogue, la solidarité, la sensibilisation, la formation et les voyages.
La première dimension de l'interreligieux reste le dialogue, la rencontre interpersonnelle. Les jeunes apprennent à se connaître, à comprendre la religion de l'autre, dans le respect des ressemblances et des différences.

Dans le monde du travail, le nombre de diplômés augmente, de même que le niveau d'étude moyen, sans pour autant qu'il soit plus facile de trouver un emploi. Pourtant les difficultés des jeunes ne sont pas ou peu reconnues par la société [5].

Si l'on regarde les articles parus sur la génération Y, elle est toujours dépeinte très négativement : génération Y (à cause de la forme de nos écouteurs), nous serions renfermés sur nous-mêmes et déconnectés de la réalité, brillants en entretiens de recrutement et décevants par la suite, « addicts » aux nouvelles technologies.

Pourtant, la génération Y a beaucoup à offrir

Une de nos forces est que nous avons grandi avec la désillusion. Alors qu'elle a cassé beaucoup de nos parents, qui ont perdu leur emploi à la quarantaine ou la cinquantaine et ont eu du mal à se reconstruire, nous avons grandi avec. Et cette désillusion a créé dans notre vie un fort esprit de recherche.

Aujourd'hui, les jeunes savent que les adultes aussi peuvent se tromper. Des politiques aux chefs d'entreprises, nombreux sont ceux qui ont échoué devant la crise. Pour cette génération, la carrière n'apparaît plus comme une fin en soi. De nombreux diplômés recherchent avant tout un poste en harmonie avec leurs choix de vie, choix d'autant plus mal compris que nous devrions (nous dit-on) déjà être heureux d'avoir un poste en temps de crise.

Ces choix de vie sont également mal compris au sein des communautés spirituelles. La plupart des pratiquants affirment que les jeunes déserteraient les lieux de culte, ne seraient plus croyants, ou seraient trop individualistes...

---

5. En effet, beaucoup de jeunes enchaînent les stages sans être techniquement au chômage, ou se retrouvent sans emploi, mais n'ayant jamais travaillé, ne sont également pas considérés comme au chômage. Ils restent donc dans une « zone grise ».

On pourrait croire que les jeunes n'ont plus de spiritualité ou s'en désintéressent.

Bien au contraire. C'est un sujet qui les passionne, bien qu'ils aient du mal à trouver le bon interlocuteur, car ils ne se retrouvent pas toujours dans les discours tenus par les représentants religieux. Mais, s'ils ont tendance à dénigrer la religion lorsqu'ils sont en groupe, il est intéressant d'écouter leurs questionnements en mode confidentiel.

Lorsque j'étais étudiante en master, j'étais la seule personne identifiée catholique, tous les autres se déclarant athées. Pourtant la plupart des personnes sont venues me voir seule à seule pour me parler de leur conception et de leurs interrogations vis-à-vis de la religion. Beaucoup étaient persuadés de l'existence d'un dieu, se reconnaissaient plus ou moins dans tels ou tels écrits, mais ils ne se sentaient ni représentés, ni compris au sein d'une communauté en particulier.

Avec la volonté de se distancier d'une croyance « par obligation », la génération Y souhaite aborder sa propre foi dans une plus grande intimité ; d'où la faible présence des jeunes dans les lieux de culte classiques.

Pour conclure, je soulignerai la position « en marge » des jeunes d'aujourd'hui : en marge de l'économie comme des religions, ils ne correspondent pas à ce que l'on attend d'eux. Pourtant, leurs interrogations sont souvent justes, et permettent à ceux qui les écoutent de porter un nouveau regard sur le monde.

Un regard chrétien sur l'économie

Christian Delorme

MERCI à Albert Fachler pour son exposé détonnant, qui est une vraie célébration du judaïsme et de l'éthique dont celui-ci est porteur[6]. Vous avez évoqué Albert Camus, et je trouve que mettre sous son patronage – lui qui était athée – cette journée de réflexion interreligieuse, vient nous rappeler qu'il n'y a pas de Dieu sans Homme et que le regard sur l'Homme est premier.

J'ai accepté bien volontiers l'invitation qui m'était faite, en particulier parce que je sais le travail en faveur de la paix, de la réconciliation humaine que fait le mouvement Soka.

Schématiquement, on pourrait dire que dans le monde catholique une certaine culpabilité pèse sur le rapport à l'argent. A-t-on le droit de gagner de l'argent ? Et, quand on en gagne, qu'en fait-on ? Je ne connais pas assez bien les Églises orthodoxes pour réduire en quelques mots leur position sur cette question, mais mon sentiment est qu'elles privilégient la liturgie et ont tendance à se désintéresser des questions matérielles, voire du fonctionnement de la société. Quant aux protestants, je ne voudrais pas trop m'avancer mais il est bien connu que l'on attribue la naissance du capitalisme moderne à la pensée protestante, en particulier parce que Calvin a déculpabilisé le rôle de l'argent. Il a en particulier accepté le prêt à intérêt que jusqu'alors les Églises catholiques ou même les Églises nées avec Luther avaient refusé.

Il est intéressant de noter que l'Église catholique a condamné le prêt à intérêt, l'usure, et que l'interdiction n'a été supprimée du droit canon qu'en 1830. Pourtant, à l'époque de la fin du féodalisme, quand les cités bourgeoises

6. Le texte d'Albert Fachler est p. 51.

commencent à se construire, l'Église catholique romaine va comprendre l'avantage d'utiliser le prêt à intérêt. Et on va se servir des juifs pour cela. Je crois important d'avoir cette histoire en mémoire.

Je ne crois pas qu'il existe une économie chrétienne. Pourtant le christianisme essaye lui aussi de porter un regard sur l'économie, et propose des angles d'approche qui relèvent de l'éthique et de la morale. L'Évangile contient un certain nombre d'enseignements de Jésus qui ne traitent pas vraiment d'économie mais du rapport à l'argent. Fidèle à l'enseignement biblique, Jésus a eu le souci de rappeler la place de l'homme et la place du pauvre à l'intérieur des sociétés. Il va tenir des propos extrêmement durs en ce qui concerne les richesses et l'argent, dans ce que l'on considère être un peu la charte de l'Évangile, le fameux discours des béatitudes. On lit toujours les lignes « bienheureux, bienheureux ! » des neufs béatitudes, mais souvent on oublie les « malheur à vous » qui suivent. Ainsi : « Malheureux, vous qui êtes repus maintenant, vous aurez faim[7]. » On se souvient aussi de cette autre parole provocatrice de Jésus à propos de la rencontre de Jésus et d'un jeune homme riche, qui s'en va tout triste parce qu'il ne peut pas quitter les richesses que le Christ l'invite à quitter, et Jésus dit : « Il est plus facile à un chameau de passer par le trou d'une aiguille qu'à un riche d'entrer dans le royaume de Dieu[8]. » Jésus donne le sentiment de rejeter la richesse mais, s'il le fait, c'est pour marquer le souci que Dieu a du plus pauvre.

Pourtant Jésus n'exclut pas les riches. Lui-même n'a pas vécu en dehors du monde, il a bien fallu qu'il vive, avec son groupe de disciples. On a quelques indications sur leur mode de vie, par exemple dans l'Évangile de Luc. Un groupe de femmes suivaient Jésus et certaines étaient fortunées. On nous dit même qu'elles participaient matériellement à

7. Lc 6, 20-26.

8. Luc 18:22-25 ou Matthieu 19:21-24 ou Marc 10:21-25. Je garde cette traduction même si elle est sujette à discussion.

la vie du groupe : Marie de Magdala, appelée la Madeleine, Jeanne femme de Chouza, intendant d'Hérode, Suzanne et plusieurs autres. Il n'y a pas de rejet de l'argent et de la richesse de la part de Jésus, il y a aussi des gens qui ont des biens autour de lui. Mais toute la question sera : que fait-on de cet argent et quelle place laissera-t-on aux pauvres ?

En ce qui concerne la première communauté chrétienne, on pourrait presque parler de « communisme » au sens où il y a une mise en commun des biens. Les Actes des Apôtres nous racontent la vie de la toute première communauté chrétienne : « Ils étaient assidus à l'enseignement des apôtres et à la communion fraternelle, à la fraction du pain et aux prières –, tous ceux qui étaient devenus croyants étaient unis, et ils mettaient tout en commun, ils vendaient leurs propriétés et leurs biens pour en partager le prix entre tous selon les besoins de chacun[9]. » Et : « Nul parmi eux n'était indigent. En effet, ceux qui se trouvaient possesseurs de terrains ou de maisons les vendaient, apportaient le prix des biens et les déposaient aux pieds des apôtres, chacun en recevait une part selon ses besoins. »

Durant les trois premiers siècles, au temps de la persécution, les chrétiens ont vécu ainsi. Puis est arrivé ce que d'aucuns ont appelé l'hérésie constantinienne : l'empire s'approprie le christianisme, devient chrétien, ceux qui ne sont pas chrétiens vont être persécutés et l'Église va s'accommoder de la richesse de l'empire avec lequel elle va s'allier. Mais la mauvaise conscience va perdurer. Sans cesse, et cela me rassure dans ma fidélité de chrétien, il y aura dans l'histoire de l'Église des gens qui vont rappeler que l'on ne peut pas ignorer le sort du plus petit et du pauvre, et que le message de la Bonne Nouvelle que le Christ est venu annoncer, c'est une bonne nouvelle pour les petits et les pauvres.

Ainsi viendront de grandes figures comme François d'Assise qui va choisir le chemin de la pauvreté volontaire

---

9. Actes des apôtres 2, 42-45

et va appeler toute une partie de l'Église à le suivre, ou saint Vincent de Paul, au XVIIe siècle, qui tout en fréquentant les puissants va par sa vie même rappeler que le souci du plus petit et du plus pauvre doit être au cœur de nos sociétés.

Au XIXe siècle, on passe d'un monde fondé sur la ruralité au monde de l'industrie et de la grande urbanisation. Là, un grand bouleversement va se produire à l'intérieur de l'Église, qui est plutôt du côté des riches et des puissants : apparaît dans les faubourgs des villes un prolétariat « misérable » (en référence à Hugo et Zola), y compris les enfants. À l'intérieur même de l'Église, certains vont alors se dire : « Est-ce que l'Église peut abandonner les pauvres, est-ce qu'elle peut être si loin d'eux ? » Un grand tournant s'opère en 1891 avec l'encyclique du pape Léon XIII *Rerum novarum*, qui va se préoccuper de la condition ouvrière, et qui va commencer à mettre des limites au capitalisme sauvage, qui n'a jamais été approuvé par l'Église, mais dont elle a pu s'accommoder.

À l'époque contemporaine, le concile Vatican II a rassemblé de 1962 à 1965 tous les évêques du monde, venus pour la première fois de quasiment tous les peuples de la Terre. Le concile Vatican II, qui n'a pas porté sur les dogmes mais sur la pastorale, sur l'attitude de l'Église, sur son rapport au monde, s'est emparé bien sûr de la question économique. Plusieurs textes ont été à ce moment-là adoptés par les pères du concile, comme ce petit passage de la constitution « l'Église dans le monde de ce temps » qui à mon avis résume bien la position de l'Église : « Dans la vie économique et sociale, il faut honorer et promouvoir la dignité de la personne humaine, sa vocation intégrale et le bien de toute la société. C'est l'homme en effet qui est l'auteur, le centre et le but[10]. » Je crois que cette phrase résume bien la position du magistère de l'Église catholique, mais aussi je l'espère de la pratique de beaucoup de chrétiens. L'économie, bien sûr, doit avoir son autonomie et sa liberté,

10. http://www.vatican.va/archive/hist_councils/ii_vatican_council/documents/vat-ii_cons_19651207_gaudium-et-spes_fr.html

l'Église ne choisit pas un modèle économique plutôt qu'un autre ; mais, en face des différentes théories économiques qui pourront être essayées et mises en place, l'Église ne cessera de rappeler la place centrale de l'être humain et d'avoir le souci de ceux qu'une machine économique trop performante parfois, ou en difficulté comme aujourd'hui, pourrait laisser sur le bas-côté. Et quand on regarde l'enseignement des papes des temps modernes, je pense en particulier à Paul VI qui a eu beaucoup le souci du développement des peuples par son encyclique *Populorum progressio*, je pense bien sûr à Jean-Paul II, ce personnage immense, qui a labouré la terre de ses voyages et de ses paroles. Voilà des papes qui ont eu le souci d'une économie qui n'oublie jamais la dignité de l'être humain. Mon sentiment est que le pape François, cet homme plein de surprises, ce jésuite franciscain, se situe dans cette ligne-là.

Vivre avec... tout simplement !

Georges Fabre

Prêtre ouvrier depuis une quarantaine d'années, j'ai surtout travaillé auprès des personnes malades et handicapées et des jeunes. Dès le départ j'ai pris un engagement syndical pour ne pas être isolé du fait de la profession que j'exerçais. J'ai pris ma carte au syndicat de la Confédération générale du travail (CGT), où j'ai assuré cinq années de permanence syndicale au comité régional, dans les secteurs de la protection sociale et de l'intégration des travailleurs handicapés.

Je suis aujourd'hui à la retraite depuis dix-sept ans et j'assure une permanence juridique à l'union locale CGT de Villeurbanne, où j'accueille de plus en plus de jeunes. Ils vivent souvent de petits boulots qui entraînent une précarité avec soit des contrats à durée déterminée, qui donnent le sentiment de se succéder à perpétuité... soit – et c'est quelque chose que je découvre – pas de contrat du tout. Il m'est arrivé dernièrement, par exemple, de rencontrer une jeune fille qui travaillait depuis cinq mois sans contrat. Pas de contrat, pas de salaire.

Dans ces conditions j'essaie de mon mieux d'être utile, non pas parce que je suis catholique mais d'abord parce que je suis un homme, un humain. Je considère que jusque dans l'Église à laquelle j'appartiens (et qui n'est pas d'une sensibilité extraordinaire pour le monde ouvrier, c'est le moins que l'on puisse dire !) j'ai un rôle à jouer. J'ai été appelé dans ce monde-là, j'ai été appelé dans cette Église, je resterai dans cette Église ! Je ne suis pas seul d'ailleurs en tant que prêtre ouvrier, nous tenons beaucoup à agir collectivement. Nous nous retrouvons à la fois dans des équipes fraternelles, où nous réfléchissons en profondeur sur le sens de ce que nous vivons, mais aussi dans la prière et, puisque nous sommes prêtres catholiques, dans ce que nous appelons la célébration eucharistique.

Le premier service que l'on puisse rendre, c'est l'accueil. Lorsque des salariés viennent, je m'aperçois très souvent que c'est peut-être une des premières fois où ils vont pouvoir s'asseoir et discuter en ayant quelqu'un en face d'eux qui va pouvoir les écouter et leur poser des questions. Souvent, après cette phase d'écoute qui peut durer une heure, les personnes partent en disant : « Je vous remercie de m'avoir écouté. » Malheureusement, certains salariés viennent nous voir après être passés par la maison des avocats, la maison de la justice, la maison du droit, la direction départementale du travail, les prud'hommes, et, à notre grand désespoir, ils arrivent trop tard : les délais, les temps d'appel sont passés et nous ne pouvons plus rien faire. Quoi qu'il en soit, c'est notre rôle de les accueillir de notre mieux. Ensuite, nous les invitons à acquérir une certaine compétence professionnelle. Enfin, nous essayons de savoir s'ils sont les seuls à vivre la situation qui est la leur. Mais aujourd'hui, lorsque nous proposons aux gens de venir ensemble et de réfléchir ensemble à des solutions, nous sommes moins entendus qu'auparavant.

Cela dit, nous nous apercevons quand même que les jeunes sont probablement plus « collectifs » qu'ils ne l'étaient il y a quelques années. Nous arrivons par exemple à leur parler d'une démarche syndicale – moi-même je n'ai absolument rien ni d'un avocat ni d'un professionnel du monde du travail, je me suis formé à propos des contrats de travail, mais ce n'est pas mon métier. Nous sommes syndicalisés dans le but de nous rassembler pour prendre notre part dans l'évolution économique. Nous pouvons parler de cela aux jeunes aujourd'hui. Nous pouvons aussi travailler dans l'intergénérationnel. Je vais prendre un exemple : je suis responsable de l'interprofessionnel des retraités CGT, qui regroupe environ deux cent quinze anciens salariés. J'ai pu dire aux jeunes : « Vous venez pour votre contrat de travail peut-être, mais il faut que vous soyez aussi en lien avec les anciens. Par exemple, il faut que vous soyez associés à la défense des retraites. » À ma grande satisfaction, quatorze organisations de la jeunesse se sont associées au mouvement et se sont exprimées sur la façon dont elles voyaient la réforme des retraites.

Qu'est-ce que tout cela a à voir avec ma foi en Jésus-Christ, avec mon adhésion à une certaine Église ? C'est au Christ que j'ai essayé de consacrer ma vie, après y avoir été appelé, d'abord comme homme, comme croyant ou, ce qui me définirait mieux, comme « chercheur de Dieu ». Et je crois que je rejoins tous ceux qui, comme les jeunes qui ont pris la parole aujourd'hui, n'ont pas une idée précise sur Dieu mais qui disent « si Dieu doit avoir une cohérence, nous allons essayer de le chercher ensemble ». Pour ma part, comment l'ai-je cherché ? En agissant dans quel sens ? Tout simplement en appliquant ce que m'avait dit un théologien un jour : « Ne vous faites pas de souci. Quand vous aurez contribué à ce que dans notre monde d'aujourd'hui il y ait un peu plus d'humanité, vous n'aurez pas perdu votre place dans le royaume de Dieu. » Dans l'Église, ça n'est pas forcément si sûr et en particulier en tant que prêtre ouvrier, mais j'espère que peut-être, dans le royaume de Dieu, on aura quelque chance !

L'économie juive comme anti-économie et ouverture à l'éthique

Albert Fachler

Qu'est-ce qui nous amène aujourd'hui nous, hommes de foi, issus de traditions différentes, à souhaiter l'ouverture de l'économie à la morale et à l'éthique ? Sans nul doute le déficit moral du capitalisme, illustré par la crise des *subprimes* et la crise financière qui s'ensuivit. Cette faillite suivit de peu au regard de l'histoire celle de l'économie marxiste, qui avait supprimé la trilogie classique nature / humain / Dieu, transposable en économie sous la forme marchandise / acheteur / Dieu. En expulsant la part de Dieu, c'est-à-dire la part du pauvre et de l'exclu, l'économie marxiste générait la même contradiction interne que le libéralisme : le conflit du fort et du faible.

Les grands principes des Lumières : Liberté, Égalité, Fraternité ont été pervertis par le libéralisme marchand, qui place la consommation sans limite au centre du dispositif et substitue, comme dogme fondateur, l'accumulation personnelle de richesses au partage et à la solidarité. Ce libéralisme sans contrôle supplante la pensée religieuse modérée, celle que nous incarnons. Il provoque aux extrêmes l'éclosion des fanatismes et de l'obscurantisme. La société libérale est incapable de créer autre chose que des « vies gâchées », comme le dit Habermas. Il lui manquera toujours l'accomplissement dans ce que le même Habermas appelle une « vie bonne », la pensée d'une finalité supérieure, d'une dimension supplémentaire de l'être au monde : celle de l'éthique.

Le fondement de la pensée juive, la Torah et son commentaire le Talmud, n'est pas un code religieux, législatif ni même social : c'est un code du rapport à l'autre, qui est avant tout de nature éthique. J'aime citer ces mots de Levinas : « Le visage de l'Autre avant la Torah. » On apprend déjà d'Abraham que la relation économique est d'abord de personne à personne plutôt que de l'homme à la nature. Pour Schmuel Trigano, l'activité économique est inséparable de la relation de l'homme à Dieu, et le travail est une glorification de Dieu. Le retrait de Dieu au septième jour rend l'homme libre et créateur à son exemple. Au jardin d'Eden, Adam et Ève ont mission de travailler. Mais, d'emblée, des limites sont posées : on ne peut disposer de la totalité des biens produits. Le temps de l'économie commence, fortement lié au destin humain dans son rapport à la transcendance.

Historiquement, comment naît la modernité ? Dans les grandes cités-États, à Ur, à Akkad, à Sumer par la sédentarisation des nomades et l'expérience du nouvel ordre économique. D'abord agricole, il va nécessiter à la fois une nouvelle vision du monde, un nouveau code législatif et une nouvelle spiritualité. On apprend à gérer la nature et la consommation des richesses naturelles. Les règles alimentaires, la fameuse cacherout, vient de là : l'individu cesse de prendre comme un prédateur sur les ressources naturelles, il apprend à ne consommer que ce qu'il produit et à l'économiser. C'est la première macrobiotique.

Les textes fondateurs du judaïsme consacrent une grande place à l'économie et à ses lois. Le Deutéronome : « Dans tous les travaux de ta main, Dieu te bénira. » Le traité des Pères : « Toute étude de la Torah sans l'exercice d'un travail est vaine, et engendre le péché. » Le Talmud ? « Tu ne feras pas travailler l'ouvrier comme un esclave. Fais en sorte qu'il se sente bien chez toi. »

Max Weber voyait dans l'irruption du capitalisme la marque de la pensée protestante : frugalité, responsabilité individuelle, travail acharné et la certitude que le succès des entreprises est la récompense du bien. Pour le judaïsme, cela n'est pas le moteur essentiel et cela n'est pas suffisant.

La première dualité juive est celle de la temporalité. L'économie de liberté et de marché est développée dans des périodes définies, encadrées par de grandes pauses impératives de retrait. Qu'est-ce que le shabbat, sinon une pause dans la production ? L'instauration du shabbat n'est pas la première loi sociale, c'est une pause ontologique. Dieu dit : « Prenez un jour pour redevenir vous-même. » La *chemita*, jachère obligatoire de la septième année, s'y ajoute. Autre pause temporelle, le jubilé est un moratoire de la propriété, c'est le jour où on rend son argent, où on cède ses propriétés, où l'on libère ses ouvriers. Ces pauses interpellent l'économie juive.

La seconde dualité est l'introduction dans l'économie réelle d'une anti-économie : le système lévitique. Une des tribus vit exclusivement de la charité puisqu'elle ne possède pas de terres et qu'elle sert le Temple. Cela vient nous rappeler l'existence de la part de Dieu. Par extension, cela inclut le fait de subvenir aux besoins de ceux qui ne produisent pas, les malades, les vieillards ; mais il s'agit aussi de donner des droits à ceux qui ne possèdent pas la terre : les étrangers qui vivent parmi nous. C'est une thématique fondamentale rappelée tous les jours dans nos prières : « Souviens-toi que tu as été étranger au pays d'Égypte. » L'idée est d'introduire dans le système la notion de redistribution. Dans la tradition juive, la pauvreté est intolérable.

La même exigence de solidarité est exprimée dans les maximes des Pères, qui distinguent quatre modes d'échange économique.

- « Ce qui est à moi est à moi, ce qui est à toi est à toi. » C'est la loi de Sodome, elle exclut celui qui n'a rien.
- « Ce qui est à toi est à moi, ce qui est à moi est à toi. » C'est le donnant-donnant de la loi de l'échange capitaliste, qui lui aussi exclut celui qui n'a rien à échanger, rien à donner.
- « Ce qui est à toi est à moi, ce qui est à moi est à moi. » C'est un fonctionnement totalitaire, c'est l'accaparement par la collectivité de toutes les richesses d'un groupe social.

- Selon les maximes des Pères, la dernière proposition est la plus souhaitable : « Ce qui est à toi est à toi, ce qui est à moi est à toi. » C'est l'ouverture à l'éthique, celle du partage.

Une autre dimension qui incorpore au travail et à l'économie la dimension divine, c'est l'acceptation du manque comme ouverture à l'autre. Le Talmud dit une phrase remarquable : « Vivre c'est perdre. »

Pendant Souccot, la fête des cabanes, nous quittons les maisons pour aller vivre huit jours dans des cabanes pour, en quelque sorte, célébrer la précarité. Nous considérons que les acquisitions du monde contemporain ne sont pas suffisantes et que c'est au désert, dans la précarité, que le meilleur de nous-même se réalise.

Dernier exemple : comment lire la catastrophe entre Caïn et Abel ? Caïn est celui qui cultive la terre, celui qui travaille. Abel c'est l'intellectuel, le clerc, celui à qui tout est donné. Des deux le coupable c'est Abel, car lorsqu'on est un clerc, lorsqu'on maîtrise le langage, on s'efface un peu pour faire une place à son frère, pour permettre le dialogue et créer les conditions de la rencontre.

Avant de conclure, je voudrais parler de quelque chose qui nous colle à la peau : l'accusation d'un rapport organique entre les juifs et l'argent. On interprète mal l'histoire biblique du Veau d'or. Si Moïse détruit le Veau d'Or, c'est qu'il craint que les êtres humains adorent son texte comme ils adorent le Veau, bêtement. L'obligation essentielle de la lecture biblique pour les juifs c'est l'exégèse, l'appropriation du texte, l'analyse. C'est ce que Derrida appelle la déconstruction. La thématique du Veau d'or n'est jamais que le refus de considérer un texte fondateur comme intouchable, inaliénable.

Au temps des croisades, les juifs vivent en Europe depuis mille ans. Ils sont agriculteurs, comme tout le monde. Mais, en l'an Mil, la propriété de la terre leur est interdite. En même temps se ferment à eux la noblesse, l'art militaire, l'artisanat et toute activité qui impose de jurer fidélité à un saint patron. Que reste-t-il ? La médecine, certaines activités de récupération, comme la friperie, et le prêt d'argent. Les juifs vendent leurs terres, contraints et forcés, et se retrouvent à la tête d'une grande partie du numéraire circulant en Europe. Ils deviennent un outil économique incontournable, et très vite la cible de toutes les jalousies et de toutes les haines –, et l'Église catholique en a un peu rajouté sur ce terrain.

Quels sont, au final, les grands principes de l'économie juive ? Richard Sitbon les définit globalement par le beau mot de « solidarisme », qui contient tout à la fois

- Le primat de l'éducation, l'effort de promotion personnelle
- La reconnaissance de la différence, dans le respect des lois de la société
- La limitation de la croissance, pour ne pas se contenter du matérialisme
- La nécessité fondamentale de la redistribution.

Le mot « Jubilé » pour les juifs vient du mot « corne », *Youval,* la corne qui sonnera le jour de la survenue du Messie et des temps futurs : temps de justice sociale, de redistribution, de la fin de la propriété, de reconnaissance mutuelle et de paix. C'est ce que je vous souhaite à tous.

Le respect de la dignité de la vie comme fondement d'une activité économique pacifiée

Robert Giroud

JE CROIS que nous sommes tous d'accord pour dire que tout le monde recherche le bonheur. Mais la science et les règles économiques contribuent-elles au bien-être de tous ?

Le culte de l'argent, du succès et du pouvoir est dominant dans la société, qui a développé une véritable culture de consommation. La télévision, la publicité, le marketing, le crédit facile, attisent l'avidité et la cupidité inhérentes à la vie humaine, développant une envie quasi compulsive et addictive de posséder toujours plus. La tendance maladive à se comparer sans cesse avec les autres fait naître la convoitise et la jalousie, aggravant les animosités. Prisonnier de ces désirs insatiables de possession et de domination, l'être humain, pourtant doté de l'intelligence, de la raison, de l'émotion, de la conscience, s'appauvrit spirituellement – certains vont jusqu'à parler de « mort spirituelle ».

Edgar Morin dit dans *Vers l'abîme ?* : « Les processus moteurs de la dynamique planétaire – science, technique, économie, profit – sont ambivalents, ils ont produit à la fois le pire et le meilleur, ils continuent en aggravant le pire à laisser possiblement présager le meilleur [...] Le problème est d'établir un contrôle sur ces moteurs [...] ils doivent être contrôlés par l'éthique, qui ne peut imposer son contrôle que par la politique[11]. »

Le Sûtra du Lotus, cœur du bouddhisme du Grand Véhicule, enseignement établi dans sa dimension concrète

11. Edgar Morin, *Vers l'abîme ?* Carnets de l'Herne, 2007.

et pratique par Nichiren Daishonin avec l'objectif de transformer son état de vie intérieur, accorde beaucoup d'importance à l'économie. Sans établir directement de code moral qui pourrait varier en fonction des différentes cultures, le bouddhisme peut inspirer et insuffler des critères éthiques qui soient en harmonie avec les conditions de la société.

Dans une lettre à l'un de ses disciples risquant d'être irrémédiablement déclassé socialement à cause de sa croyance dans le bouddhisme, Nichiren écrit : « Les trésors du corps sont plus précieux que les trésors du grenier, et les trésors du cœur sont les plus précieux de tous. À compter de l'instant où vous lisez cette lettre, efforcez-vous d'accumuler les trésors du cœur[12] ! » Loin de nier l'importance de biens matériels et celle du corps et de la santé, il indique que rechercher la voie qui permet de cultiver un état de vie élevé, développer une force spirituelle permettant de contrôler ses désirs, son égoïsme, « de devenir maître de son esprit et ne pas le laisser devenir le maître », manifester des qualités humaines telles que le courage, le respect des autres, la compassion, sont les trésors les plus précieux pour un être humain et donnent un sens à son existence. Accumuler les trésors du cœur est aussi une lutte spirituelle que nous menons à l'intérieur de nous-même contre les forces négatives de l'égocentrisme et des illusions. Un esprit bien rempli est la condition première de la satisfaction et du bonheur, et non la possession de quantité de choses.

Par ailleurs, dans un autre écrit de Nichiren, on lit : « De tous les trésors que l'homme possède, aucun n'est plus précieux que la nourriture et la boisson, les vêtements et les médicaments[13]. » Il souligne l'importance des besoins essentiels qui assurent la subsistance, et dont l'accès devrait être garanti par l'ordre économique de la société. Comme il est dit dans l'article 25 de la Déclaration universelle des

---

12. « Les trois sortes de trésors », *Les Écrits de Nichiren*, Soka Gakkai, 2012, p. 858.
13. « Le général Tigre-de-Pierre », *ibid.*, p. 962.

droits de l'Homme : « Toute personne a droit à un niveau de vie suffisant pour assurer sa santé, son bien-être et ceux de sa famille, notamment pour l'alimentation, l'habillement, le logement, les soins médicaux ainsi que pour les services sociaux nécessaires [...] » C'est loin d'être le cas.

Le bouddhisme ne prône ni l'ascétisme ni le matérialisme. Il encourage une manière de vivre qui consiste à orienter l'énergie du désir pour accumuler des bienfaits et à les utiliser vers un objectif élevé pour sa propre prospérité et celle des autres. Parmi les pratiques bouddhiques qui conduisent à l'éveil, celle du don est de première importance. Elle permet de contrôler l'énergie de son avidité, la canalisant vers la création de valeurs positives par l'entraide et le partage. Elle est donc bénéfique pour soi et pour les autres.

Le Sûtra du Lotus révèle que chaque être humain peut manifester l'état de bouddha, un état dans lequel on s'éveille à la liberté, l'ouverture, et l'harmonie de la vie. Cet état de bouddha est décrit dans le Sûtra du Lotus comme « un joyau sans pareil, d'une valeur inestimable ». La vie se manifeste sous une multitude de formes diverses qui sont en interdépendance. La sagesse infiniment profonde, potentialité de l'état de bouddha, saisit la véritable nature de tous les phénomènes et leur vérité en fonction des circonstances. Ces notions sont l'ultime expression de la dignité inhérente à la vie de chaque être humain, et des possibilités infinies de la vie. Elles ouvrent la voie d'une sagesse qui englobe et inclut tous les phénomènes dans leur diversité, leur contexte et leur complexité ; elles sont l'expression d'une immense bienveillance permettant de partager la souffrance des autres ; elles conduisent à une transformation de la manière de penser la vie ; elles éveillent à la conscience d'une communauté humaine planétaire, ainsi que de sa responsabilité personnelle ; elles stimulent le courage et l'espoir, faisant naître une puissante force vitale, source d'action concrète créatrice de valeurs.

Dans sa « Proposition pour la paix du 26 janvier 2013 », Daisaku Ikeda écrit : « À chaque instant, un enchevêtrement de causes et d'effets se propagent sur cette toile de l'interdépendance, influençant les autres et notre environnement. Ainsi nos actions en cet instant précis ont le pouvoir non seulement de nous transformer, mais également de créer une nouvelle cascade de réactions en chaîne et de résultats positifs[14]. »

L'approche bouddhique considère que le bien et le mal ne sont pas des entités distinctes. La vie est potentiellement à la fois bonne et mauvaise, et le bouddhisme insiste sur l'idée que chacun est capable d'apprendre à distinguer et à choisir entre le bien et le mal et à agir au nom du bien. Ce type de jugement dépend des qualités spirituelles de l'individu. La révolution humaine, traduction moderne de la manifestation de l'état de bouddha, consiste à développer ces qualités spirituelles et à adopter un comportement humain qui soit le reflet de ses convictions.

Je crois, et ce sera ma conclusion, que le véritable défi qui se trouve devant nous, plus facile à dire qu'à réaliser concrètement, consiste à développer une individualité libérée de l'égocentrisme, qui se fonde sur le respect de la dignité de la vie comme valeur suprême, et qui soit capable de faire jaillir l'extrême bienveillance qui permet de partager les souffrances des autres. Chacun d'entre nous, en développant sa conscience d'être un citoyen de la Terre et un acteur du monde économique peut, en empruntant les voies de la sagesse et du dialogue, inventer et mettre en œuvre de nouvelles idées dont le point central sera le bien-être de tous.

14. *Propositions pour la paix adressées aux Nations unies - 2008-2015*, Les Indes savantes, 2015, p. 203.

Pour une éthique biblique de la responsabilité dans le domaine de l'économie

Jean-Paul Rempp

C'est une joie et un privilège d'intervenir dans un tel colloque pour la troisième fois.

En bon protestant évangélique, j'aimerais débuter par des citations bibliques.

« Ne me donne ni pauvreté, ni richesse, accorde-moi le pain qui m'est nécessaire, de peur qu'étant rassasié je ne te renie et ne dise : qui est l'Éternel ? Ou qu'étant dans la pauvreté je ne commette un vol et ne porte atteinte au nom de mon Dieu [15]. »

« Ne vous livrez pas à l'amour de l'argent ; contentez-vous de ce que vous avez [16]. »

Dans l'Évangile de Matthieu, Jésus cite l'Écriture : « L'homme ne vivra pas de pain seulement, mais de toute parole qui sortira de la bouche de Dieu. » Si le pain quotidien est nécessaire, la richesse, la puissance et le statut social ne doivent pas être au centre de la vie d'un homme. D'un point de vue biblique, au cœur de tout sujet, y compris les sujets sociétaux et l'économie, il doit y avoir l'homme et sa relation avec Dieu.

La Bible accorde une grande attention aux faibles et aux plus pauvres. Les exhortations concernant les riches et les richesses ont eu de grandes conséquences dans l'histoire de l'Église, et du protestantisme en particulier. Ainsi de la dénonciation des riches qui exploitent les pauvres, ou de l'exhortation du Seigneur Jésus Lui-même à l'ensemble de

15. Proverbes 30.8b-9.
16. Héb. 13,5.

ses disciples : « N'amassez pas de trésors sur la terre, où les vers et la rouille détruisent et où les voleurs percent et dérobent. Car, là où est ton trésor, là aussi sera ton cœur[17]. » Enfin cette exhortation aux riches pieux : « Qu'ils fassent le bien, qu'ils soient riches en œuvres bonnes, qu'ils aient [...] de la générosité [...] afin de saisir la vraie vie[18]. »

L'enseignement biblique sur la richesse

- Nous ne possédons pas de façon absolue les biens qui sont les nôtres, nous n'en sommes que les gestionnaires.

  Selon la Bible nous devons tout à Dieu, y compris les biens qui sont actuellement les nôtres. Dieu demandera des comptes à chacun sur la façon dont il aura géré ses biens – et en particulier, mais pas seulement, aux plus riches.

  Le fait que nous ne soyons que les gestionnaires de nos biens change aussi pour le croyant sa conception de l'offrande. Chacun, sans exception, est appelé à donner au Seigneur selon ses moyens.
- La richesse n'est pas un péché en tant que telle, même si les biens matériels ont souvent des effets pervers sur l'homme. Tout dépend de l'utilisation qu'on en fait.

  Abraham, notre père spirituel à tous, était immensément riche. Job également le fut : l'Écriture nous dit que sa prospérité lui permettait de délivrer les malheureux qui imploraient son aide. Bref, la détestation du riche n'existe pas dans la Bible ; on peut être riche et être l'ami de Dieu. Mais les richesses et les biens matériels peuvent avoir des effets pervers.

  Il n'est qu'une seule idole qui soit personnifiée par Jésus : l'argent, qu'il nomme « Mamon ». En disant : « Vous ne pouvez servir Dieu et Mamon[19] », il fait de l'argent une sorte de « dieu concurrent ». Mamon a en

17. Mat. 6,19-21.
18. 1 Tim. 6,17-19.
19. Mt 6,24.

effet ce redoutable pouvoir de prendre de plus en plus de place dans le cœur de l'homme : « Celui qui aime l'argent n'est pas rassasié par l'argent », dit l'Ecclésiaste. Comme le dit Michel Johner : « Le bonheur d'argent est comme une ligne d'horizon qui s'éloigne au fur et à mesure que l'homme cherche à s'en approcher[20]. »

- La richesse doit être utilisée pour le bien de l'homme et du prochain en général.

  C'est une incitation à revenir à un meilleur partage des ressources. L'apôtre Paul cherche à réorienter les valeurs des riches vers les trésors spirituels en les exhortant à partager autour d'eux, c'est-à-dire à donner. Cet enseignement biblique est plus que pertinent aujourd'hui, dans une société de consommation où règnent la concurrence et la compétition.

Les principes spirituels qui ont guidé les protestants dans le domaine économique / éthique

- Dieu étant le Créateur, Dieu Tout-Puissant et Souverain qui règne sur toutes choses, tout lui appartient !

  Le protestantisme refuse la dualité entre le sacré et le profane. L'argent, les biens matériels, l'économie ne sont donc pas des sujets tabous. On peut en parler, on peut même s'y intéresser et s'y investir pourvu que ce soit dans les limites mentionnées plus haut.

- Puisque Dieu appelle tout homme qui croit en Lui à Le servir ainsi que son prochain, avec les talents qu'Il lui a confiés, il est né une éthique de la responsabilité et de l'entreprise, encourageant en particulier l'initiative personnelle.

  L'historien Sébastien Fath commente[21] les écrits d'Alain Peyrefitte[22] : « À ses yeux, l'Europe du nord doit

---

20. Michel Johner, « Le chrétien à l'épreuve de l'argent », *La Revue Réformée* mars 2001, p. 11.

21. Sébastien Fath, *Les Fils de la Réforme, idées reçues sur les protestants,* Paris, Le cavalier bleu, 2012.

22. *Le Mal français* (1976), La Société de confiance (1995).

son avance économique et sociale et son éthique du travail (faible degré de corruption) à l'influence à long terme de la culture protestante. Celle-ci, en responsabilisant l'individu, en nourrissant une culture démocratique du contrôle des pouvoirs et en stimulant l'initiative aurait accéléré [le] développement économique[23]. »

On trouve bien sûr ici des réminiscences de l'ouvrage de Max Weber, *L'Éthique protestante et l'esprit du capitalisme*, l'ouvrage de sociologie le plus commenté au monde, une clef pour comprendre l'identité protestante et son rapport à la modernité.

L'appel, ou vocation

- Il se vit devant Dieu. Puisque nous sommes gérants de tout ce que Dieu nous a confié, puisqu'Il nous a donné connaissance, compétence, richesse et temps, nous avons la responsabilité de faire fructifier ces talents de la meilleure façon possible et pour Sa gloire. Un jour, nous aurons des comptes à lui rendre !
- Il concerne tous les aspects et domaines de la vie...

  Selon Sébastien Fath : « Dans l'approche protestante du christianisme, la vocation, comprise comme appel divin, s'étend à toutes les activités humaines, sans se limiter à ce qui relève de la vie religieuse et cultuelle. Les activités profanes (laborieuses) sont aussi pour les protestants lieux d'une vocation possible, en vue d'honorer Dieu[24]. »
- Il a une histoire :

  Si avant eux le travail répondait essentiellement aux contingences matérielles, Luther et Calvin ont introduit d'importants changements théoriques sur le travail et l'économie.

  Pour Luther, la vie chrétienne doit s'expérimenter dans la vie profane, avec pour visée le service mutuel.

23. Cité in *ibid*, Paris, Le Cavalier bleu, 2012, p. 56.
24. *Ibid.*, p. 186.

L'activité quotidienne du travailleur redevient digne d'intérêt et de réflexion, elle réintègre le champ spirituel. La bonne œuvre se pratique dans le travail, qui devient le lieu privilégié d'exercice de la vocation.

Calvin enrichit les thèses de Luther en affirmant que la dignité du travail de l'homme vient de ce qu'il prolonge le travail de Dieu. Par son travail, il est placé dans la position du gérant, appelé à mettre en œuvre et en valeur toutes les richesses de la création.

L'initiative individuelle

Dans un contexte où les libertés individuelles sont prioritaires, à commencer par la liberté d'expression, de religion et de conscience, l'initiative individuelle a naturellement été encouragée. L'Ecclésiaste[25] ne dit-il pas : « Tout ce que ta main trouve à faire, fais-le [...] ! »

Priorité a été donnée à l'esprit d'initiative, d'innovation et de création. Et pas seulement dans le domaine économique et technique, mais aussi dans le domaine des arts, des médias, de l'entreprenariat solidaire (associations, ONG, bénévolat, etc.).

On le voit, ces convictions portées par un certain nombre d'individus ont influencé en profondeur la société. C'était bien l'ambition des grands prédicateurs : « [...] gagner le plus possible d'individus au Christ, afin de les voir [...] devenir des citoyens responsables dans la cité. Tel était le projet de J. Wesley et G. Whitefield pour l'Angleterre du XVIIIe siècle : pour eux, la « nouvelle naissance » était la réponse fondamentale aux besoins spirituels, moraux, sociaux et économiques de la société[26]. »

En revanche, cet esprit d'initiative trouve une limite lorsqu'on se trouve investi en autorité. Chaque individu

---

25. Eccl 9,10
26. Jean-Paul Rempp, « Évangélisation de masse », *Dictionnaire de Théologie pratique*, sous la dir. de Christophe Paya en collaboration avec Bernard Huck, Charols Excelsis, 2011, 678 p., pp. 344-352.

en position d'autorité étant un « tyran potentiel » (John Adams)[27], il faut parer à ce « déraillement prévisible » en veillant à la mise en place des contre-pouvoirs appropriés : contrôle par des pairs, institutions adaptées, voire droit de regard de la communauté religieuse.

J'espère avoir montré que, divorcée de ses valeurs historiques judéo-chrétiennes, la raison économique livrée à elle-même est devenue inhumaine. Pour redevenir humaine, elle doit donc retrouver ses motifs fondamentaux de départ.

27. Martine Lecoq, « John Adams, un puritain en colère », *Réforme* n° 3520, 4 juillet 2013, p. 11.

Vivre ses valeurs en tant que conseiller financier

Julien Rousset

Mon métier de conseiller financier pour un organisme de prévoyance consiste à vendre les produits financiers de mon entreprise et à conseiller mes clients. Tout le défi est de trouver le juste milieu entre mon rôle de commercial – faire signer des contrats – et mon éthique personnelle, notamment en lien avec la philosophie du bouddhisme de Nichiren.

Une des causes de la crise financière actuelle se trouve dans le fait que le capitalisme a bâti notre économie sur l'avidité. Les gens dans leur majorité manquent de connaissances en matière de placements et ne s'intéressent pas à l'utilisation qui est faite de leur argent : seul compte pour eux le gain financier.

Mon métier est de vendre de l'argent, de faire miroiter à mes clients ou futurs clients le fait d'en gagner davantage. Ce pourrait être un simple jeu avec l'avidité des personnes. Or, le bouddhisme nous enseigne que, dans l'avidité, on n'utilise pas les désirs pour créer des valeurs, on en est plutôt esclave. Comment, à mon échelle, puis-je trouver la meilleure façon de pratiquer mon métier tout en respectant mes valeurs ? Voici les deux axes principaux que j'ai développés :

- Faire de la pédagogie auprès des clients : les informer sur l'utilisation de l'argent de leurs placements. Ces informations leur permettront de faire leurs choix en toute liberté.
- Accompagner les clients dans une nouvelle démarche pour sortir de la relation d'avidité (liée à l'argent).

Celle-ci n'est pas négative en tant que telle, mais elle le devient quand elle est un objectif, ce qui est souvent le cas quand une personne place de l'argent. L'idée est alors de construire un projet avec les clients, se fixer des objectifs concrets et utiliser l'argent comme un moyen pour les réaliser.

Deux qualités sont nécessaires : avoir le courage de dire la vérité sur la fiabilité des placements, et être proactif en toutes circonstances, afin d'apporter des solutions pour préserver le capital du client. On peut ainsi sortir du profit immédiat à tout prix, et construire une relation bien plus durable avec les clients.

La philosophie bouddhique sert de socle à ma vie professionnelle. À première vue mon métier n'a pas de lien avec la philosophie bouddhique, mais je parviens à y faire vivre des valeurs : respect, soutien envers les autres, courage... C'est ma façon de cultiver la liberté dans ma vie quotidienne : je ne fais aucun compromis avec mon éthique personnelle. Car, sinon, c'est de ma propre peur, de ma propre avidité dont il s'agit : je ne dois pas les laisser dominer ma vie. Par exemple, malgré la pression pour vendre un produit qui ne serait pas bon pour mes clients, je refuse de leur forcer la main et j'essaie d'apporter la solution la plus adaptée à leur situation.

D'un point de vue général, l'économie évolue : les banques coopératives se développent, de même que le micro-crédit ou les fonds d'investissement socialement responsables. Mais le principal mode d'évaluation de ces différents fonds reste la performance financière. Pourquoi les critères sociaux et environnementaux ne compteraient-ils pas autant que la rémunération ? Les organismes financiers peuvent évoluer, mais seulement sous la pression de leurs clients. Chaque épargnant, en prenant des décisions, en s'interrogeant sur ses valeurs et ce qu'il veut faire de son argent, a le pouvoir d'infléchir les choses. Notre économie est en train de changer, et c'est par un changement des consciences que cela se fera. C'est d'ailleurs déjà en route !

CHAPITRE II

Le vécu des êtres humains face aux difficultés économiques. Quel soutien et quelle inspiration proposent les religions ?

Christian Barbéry, Rémi Caucanas,
Mohammed El Mahdi Krabch,
Philippe Langevin, Adrienne Philippe

À Trets,
Centre bouddhique Soka européen

La fin cache toujours un commencement, le croire est une aide !

Christian Barbéry

Je représente une voix chrétienne, à côté de la voix catholique, la voix protestante en tant que pasteur de l'Église protestante unie de France. Et, en théologie protestante, l'Église n'est pas d'abord une institution mais elle est « Peuple de Dieu ». Un peuple qui définit sa tâche par une tâche de libération. Libération sur plusieurs plans : d'abord annoncer l'Évangile, la Bonne Nouvelle du salut ; ensuite, soigner également, et peut être aussi rendre visible l'espérance dans des signes communautaires.

Cela correspond à trois mots grecs dans le Nouveau Testament :

■ Annoncer le kérygme, c'est-à-dire le noyau central de l'Évangile de Jésus-Christ, qui dit que, finalement, rien dans la vie n'est la proie de la fatalité : ni la crise tout court, ni la crise économique, ni les mécanismes aveugles que nous pouvons subir.

Dans cette perspective, la première mission de l'Église serait de « défataliser » notre existence, tous ces événements que nous subissons et cet avenir que nous ne voyons pas. Les prophètes de l'Ancien Testament ont toujours proclamé une espérance (un avenir pour le peuple) là où les hommes n'en voyaient pas.

■ La deuxième tâche de l'Église est diaconale. Ce mot vient de « diaconie » qui dans le Nouveau Testament signifie « servir ». L'Église est là pour servir l'humain et peut-être d'abord, les plus pauvres, les plus fragiles.

Et, dans l'Église primitive (premiers siècles), la diaconie était même un ministère, celui de « diacre » : au Ier siècle, le diacre venait au secours des veuves et des orphelins de la communauté chrétienne.

Et évidemment, si l'Église est au service des plus fragiles, c'est parce que le diacre par excellence est Seigneur de cette église : Jésus Christ. C'est lui qui par ses paroles, par ses actes, par sa mort et sa résurrection a témoigné de cette proximité de l'amour de Dieu pour chacun.

Le chapitre XXV de l'Évangile de Matthieu est significatif à cet effet. Il y est question de faim, de soif, de nudité, de maladie, des prisonniers. « Celui qui a donné à boire à l'un de ces petits, c'est à moi qu'il l'a fait. » Voilà pourquoi l'Église a privilégié la présence auprès des malades, des prisonniers, des SDF.

Les Églises catholique et protestantes ont essayé d'être au cours de leur histoire au plus près de la souffrance humaine en développant des œuvres sociales, des œuvres humanitaires, des hôpitaux qu'on appelait « hôtel Dieu » autrefois.

C'est dans cette perspective encore aujourd'hui que les Églises accompagnent les gens, en particulier ceux qui subissent de plein fouet la crise économique.

La spécificité du protestantisme est d'insister sur cet Amour inconditionnel de Dieu : Amour de Dieu qui donne sens à ma vie en dépit de tous les échecs que je peux rencontrer : échecs professionnels liés au chômage. Qu'est-ce que signifie vivre quand on est au chômage ? Quelle est encore la valeur de la vie quand on subit de plein fouet cette crise économique ? Il est nécessaire de rappeler que la dignité d'un homme ne dépend pas seulement de la question économique (la Bible désacralise le travail avec la notion de sabbat), mais que je suis aimé par-dessus tout par un Dieu, encore une fois, en dépit de ce que je fais ou ne fais pas.

■ Troisièmement, le mot « foi ». C'est la grande découverte de Luther, ou redécouverte plutôt, à la suite de l'apôtre Paul, qui dans son épître aux Romains affirme : « Le juste vivra par la foi. » Ce qu'on essaie de faire dans les églises, c'est de donner à ce mot « foi », un fondement.

Étymologiquement, le mot « foi » signifie « confiance ». Essayer de redonner aux gens une certaine confiance en eux-mêmes, en l'autre, en l'avenir, en Dieu aussi. Vivre en dépit de la crise économique, en dépit de toutes les difficultés qu'ils peuvent rencontrer dans leur existence, liées au monde dans lequel nous vivons. Redonner cette foi, j'ajouterai un autre mot qui traverse toutes les Écritures de la Genèse jusqu'à l'apocalypse : l'espérance. L'espérance que, dans cette crise que nous traversons, nous ne sommes pas seuls mais accompagnés par un Autre que nous-même, Dieu qui nous aide à surmonter, ou plutôt à traverser cette crise. Savoir que ce Dieu est là devant nous et qu'à travers la méditation des Écritures, en particulier à travers la prière, un chemin est ouvert devant nous. Un chemin, donc un avenir pour chacun. Jurgen Moltmann (théologien protestant contemporain) a beaucoup écrit sur ce thème de l'espérance. Je résume sa pensée par une phrase : « La fin cache toujours un commencement. C'est vrai dans la vie comme dans la mort. »

Après avoir insisté sur la foi comme confiance, je terminerai en parlant de l'éthique protestante. L'apport du protestantisme est lié à sa posture, que l'on pourrait qualifier d'ascétisme modéré. Je ne sais pas ce que mon voisin économiste en pensera, ça ouvre évidemment un grand débat. On a trop souvent caricaturé les protestants, en particulier les calvinistes, en rappelant que ce sont des gens austères, y compris un Premier ministre (Lionel Jospin pour le citer), qui avait été caricaturé en son temps de la sorte. Et pourtant ma conviction est que ce choix d'existence constitue peut-être un des rares chemins raisonnables pour sortir de la crise à la fois culturelle, économique et sociale. Il ne s'agit pas bien sûr d'un refus du monde et de ses richesses, l'éthique calviniste nous protège de cette tentation qui serait de fuir le monde comme si ce monde était mauvais.

Le monde n'est pas mauvais. Dans une éthique protestante, il est le « théâtre de la gloire de Dieu » pour le dire avec Jean Calvin. Il n'y a pas d'autre monde que celui-là.

Mais, pour Calvin, il y a cette possibilité par un usage modéré des biens de ce monde, et peut-être par une économie raisonnée, de faire fructifier ou avancer notre société vers une plus grande sobriété.

Il me semble que le rôle des religions est de s'engager sur ce chemin. Comme le notait Pasolini : « On a sombré dans la croyance que la pauvreté était le pire des malheurs et qu'il fallait d'abord satisfaire tous les besoins. » Je me demande si c'est encore une voie possible.

Pourquoi est-ce que la sobriété d'un Jean Calvin et la pauvreté d'un François d'Assise nous apparaissent encore aujourd'hui plus utopique que la non-violence d'un Martin Luther King ?

En tout cas, les religions peuvent contribuer à ouvrir des petites fenêtres, notamment en prônant une éthique de la responsabilité et en insistant sur la finalité religieuse de la vie humaine, qui est de permettre l'échange, la gratuité, l'accueil, et même la joie, j'espère, et la liberté. Et de rappeler que la vie trouve sa justification en dépit de toutes les crises économiques que nous rencontrons.

Penser les défis de l'économie en tant que catholique

Rémi Caucanas

Avant d'en venir aux outils mobilisables pour notre réflexion, deux séries de remarques préliminaires semblent nécessaires.

D'abord, concernant l'intitulé de notre rencontre « L'économie en question », que remet-on réellement en question ? Est-ce l'économie elle-même, soit ce qui semble être un moyen de rassembler, par les fils du commerce, les personnes, les individus, les communautés (comme la religion peut le faire d'une autre manière)? Est-ce que c'est un système économique avec ses bienfaits et ses écueils ? Parle-t-on alors des inégalités socio-économiques, de la place et de l'usage de l'argent, etc. ? Ou bien est-ce que l'on remet en cause une forme d'idéologie : le fameux « néo-libéralisme » par exemple ? Mais dans ce cas-là remet-on en cause aussi la notion de liberté ?

Deuxièmement, en tant que chrétien, comme le dirait saint Paul, j'appartiens à une Église fondée sur l'olivier franc du judaïsme (Lettre aux Romains, 9-11). Certes il y a eu des difficultés entre juifs et chrétiens au cours de l'Histoire, des conflits parfois mortels, mais on ne peut oublier cette donnée fondamentale, à savoir que la religion chrétienne s'est construite en rapport étroit avec le judaïsme. Aussi retrouve-t-on un patrimoine en partie commun, dont une partie peut nous aider dans notre présente réflexion.

La Bible, et notamment ce que les chrétiens appellent l'Ancien Testament, est une première boussole qui nous permet de réfléchir sur les questions contemporaines. De même, le Nouveau, et en particulier les Évangiles, sont une source de réflexions sur la place de l'argent et sur la justice sociale. Je ne crois pas que le mot « économie » y apparaisse en tant que tel, mais des pistes utiles peuvent y être repérées. Sur la place de l'argent par exemple, le chapitre 16 de l'Évangile de Jésus-Christ selon saint Luc est assez instructif. Dans un autre Évangile, saint Matthieu rapporte au chapitre 4, verset 10 : « C'est devant le Seigneur ton Dieu que tu te prosterneras, et c'est lui seul que tu dois adorer. » Voilà un enseignement que l'on retrouve aussi dans le judaïsme et dans l'islam. Au-delà de ces textes premiers, l'histoire de l'Église, la Tradition, offrent également une série de gestes et de textes très intéressants pour notre sujet. Depuis un siècle et demi environ, l'Église catholique a produit une série de textes que l'on a réunis sous l'appellation de « pensée sociale de l'Église ». Il s'agit de tous les textes des papes successifs qui traitent des questions sociales, économiques, du développement, depuis Léon XIII et son encyclique *Rerum Novarum* (1891) jusqu'à celle de Benoît XVI intitulée *Caritas in Veritate* (2009). D'autres textes sont produits par le Conseil pontifical « Justice et Paix » et ses ramifications nationales. Ils permettent d'entretenir une réflexion sur le monde contemporain, d'aider tant les individus que les institutions à discerner et à suivre un idéal de justice et de charité. Car la justice seule ne suffit pas : elle tranche, elle sépare. Pour rassembler, pour pacifier, l'Église invite, en plus de la justice, à la charité que l'on peut rapprocher de l'idée de solidarité.

Justice et charité : ces deux balises ont orienté l'engagement et la vie de nombreux personnages qui ont jalonné l'histoire de l'Église – autant de biographies qui peuvent être autant de sources d'inspiration. Aux origines du christianisme, les Pères de l'Église peuvent être l'une de ces références. Aux IV-V^es^ siècles, saint Jean Chrysostome par exemple avait déjà questionné la société de son temps. À la cour de Constantinople où il avait été appelé par l'empereur, il avait réfléchi sur la pauvreté et la richesse afin d'aider les chrétiens, appelés à la pauvreté, à vivre dans un monde de luxe et de pouvoir. Plus tard, aux XII-XIIIes siècles, saint François d'Assise a questionné les riches de son temps. Lui-même issu d'une famille aristocratique, il vend tout pour vivre pauvrement au milieu des pauvres. Sa vie a bouleversé l'histoire de l'Église catholique jusqu'à donner le nom du dernier pape. D'autres personnages inspirent encore notre époque. Nous fêtons cette année le bicentenaire de Frédéric Ozanam, né à Lyon en 1813, mort à Marseille en 1853. Lui-même issu de la bourgeoisie lyonnaise, il s'est tourné vers les pauvres de tous ordres : des malades, des exclus du système économique, tous et toutes celles qui sont au cœur du message évangélique. Frédéric Ozanam a d'ailleurs été béatifié à l'occasion des Journées mondiales de la Jeunesse de Paris en 1997. Aujourd'hui, le pape François fournit lui aussi une boussole aux hommes de son temps. Voilà à nouveau quelqu'un qui bouleverse les habitudes pour tourner les hommes vers les personnes (le « prochain »), et non les systèmes ; pour remettre les systèmes, l'économie, au service de l'être humain ; pour nous rappeler aussi chacun et chacune à une humilité bien humaine. Car c'est à ce niveau que notre action sera la plus féconde : nous ne sommes pas Dieu, nous ne pouvons pas sauver le monde dans sa globalité mais au cœur de la singularité, du quotidien, des relations et des échanges interpersonnels, qu'ils soient ou non économiques.

Solidarité en tant que valeur religieuse et humaniste

Mohammed El Mahdi Krabch

Qu'est ce que la religion peut apporter en période de crise ? Est-ce que la religion a sa place dans le dénouement des conflits lors de situations financières difficiles ? La solidarité est le principe fondateur dans la spiritualité musulmane selon les sources originelles, le Coran et la tradition prophétique. Comme toute spiritualité, l'islam entend déterminer les relations fondamentales de l'être humain vis-à-vis de Dieu (relation verticale), et à l'égard d'autrui (relation horizontale). Cette religion veut embrasser l'ensemble des caractéristiques de personne dans sa triple qualité de croyant, d'homme vivant en société et de citoyen du monde.

Certes, un certain nombre de principes et de modalités permettent d'entrevoir une véritable conception de la solidarité. Cette valeur religieuse et humaine apparaît dans les cinq piliers de l'islam que le musulman doit respecter. Le premier pilier est la profession de foi. Cette intention du croyant, qui est clairement et ouvertement déclarée par lui-même, revêt une importance primordiale. La profession de foi ou attestation d'une vertu théologique par excellence de la religion musulmane. En combinant spirituel et vécu, en reliant le monde à Dieu, le croyant se déclare volontairement solidaire de tous les autres croyants et intériorise profondément cette solidarité, qui va jusqu'à la fusion avec autrui.

Les pratiques cultuelles imparties à chaque croyant ont une valeur sociale et collective. Ce qui donne sens à la notion de solidarité et à la définition de la communauté en tant que « vouloir vivre ensemble ». Expression de glorification et de supplication, la prière relie le fidèle aux autres croyants. Il l'intègre au monde universel et lui confère sa dignité par une vision transcendantale de sa nature. De ce fait même, cette prière exige corollairement l'humilité par les gestes simples et identiques qu'accomplissent tous les musulmans, en même temps, quel que soit leur rang et quel que soit leur culte. La prière exprime l'unité et la cohésion. Cinq fois quotidiennement, les musulmans se prosternent à des heures sensiblement identiques dans une même direction, celle de La Mecque. Pour tous les croyants, ce rituel, l'intention qui l'accompagne et la force symbolique évoquée, expriment l'unité spirituelle et la solidarité dans la foi. D'ailleurs, l'adoration est généralement mentionnée dans le texte coranique en association avec la *zakat* qui est un terme arabe qui signifie « acte de purification ». Obligation éminemment religieuse, mais aussi acte d'assistance sociale, droit réciproque à vocation solidaire.

Il faut également souligner le rôle social de la mosquée, lieu de prière, de communion dans l'adoration de Dieu et de rencontre avec les humains de toutes les convictions et croyances. C'est l'espace où les gens les plus démunis viennent trouver refuge et soutien, ce rôle rejoint parfaitement celui de l'église. C'est dans son enceinte souvent qu'est distribuée la *zakat*. Il s'agit d'une aumône acquittée par les fidèles au moment de la rupture du jeûne au mois du ramadan. Le Coran stipule que le message s'adresse à la communauté du juste milieu qui recherche avant tout l'équilibre et la justice, structurant la relation sur la base de l'équité.

Sur le plan économique, la religion musulmane vise à l'éradication de la pauvreté. Cet instrument de solidarité permet une sorte de cohésion dans la communauté de foi. Toutefois cette solidarité est avant tout d'essence religieuse. Ce ne sont pas des considérations simplement terrestres ou matérielles ou économiques qui la rendent nécessaire, elle fait partie au regard des musulmans d'un pacte plus global entre Dieu et le croyant. Le croyant s'engage non seulement à adorer Dieu, mais également à aspirer à la justice et à la solidarité envers son prochain. La piété et la générosité sont deux éléments indispensables pour cimenter la communauté au sens religieux et humain. Ainsi, s'acquitter de l'aumône légale appelée la *zakat*, pratique religieuse par essence, est un acte de purification de ses richesses matérielles, geste d'adoration du créateur et contribution à l'intérêt commun de la société et à la solidarité entre ses membres.

Dans chaque sermon du vendredi que j'officie à la mosquée, je mets l'accent sur la solidarité parce que l'on considère que la religion est une force motrice qui incite les fidèles à être solidaires et à partager les richesses avec l'autre. Dans la tradition musulmane, nous avons deux questions : À quoi sers-tu ? Qui sers-tu ?

Le contenu du discours que j'adresse aux fidèles musulmans est le suivant : « Il vaut mieux être solidaire dans la vie d'ici-bas, la vie terrestre, avant le jour du jugement dernier où il n'y aura plus de solidarité possible. » Paradoxalement, la religion musulmane demande la solidarité dans l'ici-bas mais, dans l'au-delà, cette solidarité disparaît. Il n'y a que l'individualisme qui prime sur la solidarité au jour de la résurrection quand on va rencontrer notre Seigneur. Autrement dit, le jour du jugement dernier, chaque individu s'intéressera à ses propres actions, fruit de sa solidarité manifestée dans la vie actuelle ; il s'agit donc d'un investissement matériel et moral pour pouvoir rencontrer le Seigneur. L'imam Chatibi, juriste musulman, considère, dans son livre intitulé *Les objectifs sacrés de l'islam*, que la solidarité constitue le sens principal et même la raison d'être de la religion, une pratique qui n'est pas fondée sur la compassion et la clémence contredit complètement la volonté de Dieu exprimée depuis la nuit des temps.

Il me semble qu'il est important d'énumérer les objectifs qui sont liés intimement à la valeur de la solidarité défendue si merveilleusement par notre juriste :

1. Préservation de la vie humaine puisqu'elle est sacrée (l'homme est le souffle de Dieu). Ainsi, le croyant ne néglige point les conditions matérielles (nourriture, santé, etc.) et morales (bonne éducation et spiritualité) de sa vie et de la vie d'autrui.
2. Protection de la raison. Je respecte le prochain, je respecte la personne qui est en face de moi pour sa qualité intellectuelle et son intelligence.
3. Dignité humaine, l'être humain est respectable et apprécié parce qu'il est digne et honoré par le Seigneur.
4. Liberté de dire et d'agir sans porter atteinte à la liberté d'autrui, le Coran énonce « point de contrainte dans la religion ».

Un monde en quête de repères, une économie en quête de sens

Philippe Langevin

Les bouleversements qui affectent le monde interrogent la pensée économique sur sa capacité à les comprendre pour les réguler. Jusqu'aux années 1973-1975, dans le cadre d'une économie keynésienne efficace et d'une croissance économique importante, l'affaire semblait acquise. L'augmentation générale du niveau de vie et l'efficacité des politiques de redistribution laissaient entrevoir une économie maîtrisée et un progrès social garanti. Les fruits de la croissance, comme on disait alors, devaient permettre, dans une conjoncture de plein emploi, à chacun de se réaliser et d'améliorer sa situation par l'éducation, la formation et le travail. Plus de croissance devait résoudre tous les problèmes d'une société tellement sûre d'elle-même que ses références étaient proposées comme modèles aux pays nommés alors « en voie de développement ».

Mais ces temps sont derrière nous. Après les Trente Glorieuses est venu le temps des « trente piteuses ». Dans un temps relativement court, tous les indicateurs sont passés au rouge. La croissance du PIB, référence commune, s'est brutalement éteinte et les outils classiques de relance n'ont pas eu les résultats pourtant garantis par la pensée économique. Le monde est entré dans une nouvelle temporalité marquée par la montée du chômage, la dégradation du pouvoir d'achat et l'accroissement de la précarité et des exclusions. Le retrait de l'État et la pensée libérale devaient construire un autre modèle de développement. Mais tous les êtres humains et tous les territoires ne sont pas compétitifs. Et la conséquence directe de la victoire de la liberté sur la solidarité s'est traduite par une société à plusieurs vitesses, sans que la réussite des uns puisse améliorer les conditions de vie des autres.

Pendant ce temps, une mondialisation extrêmement rapide a transformé l'ordre ou plutôt les désordres du monde. Et tandis que les anciennes puissances économiques des États-Unis et l'Europe tentent vainement de retrouver leurs forces, de nouveaux pays émergent sur la scène internationale : la Chine, l'Inde, le Brésil, la Russie et quelques autres deviennent les nouveaux maîtres du monde. Ces partenaires lointains, inscrits dans une autre culture de l'emploi et des revenus, sont maintenant des concurrents. Dans le droit fil de la pensée libérale, les marchés sont déréglementés, les frontières effacées et l'État accusé de tous les maux. L'appel à l'innovation technologique ou sociale ne débouche pas sur une société solidaire.

Dans les années 2007-2009, une nouvelle crise, d'abord bancaire aux États-Unis, puis rapidement financière et économique dans le monde entier, fait craindre un nouveau 1929. Pour échapper à une faillite de tout le système financier, des sommes considérables sont injectées par les banques centrales et les États, et une nouvelle gouvernance s'esquisse par le passage du G 7 au G 20. Apparaissent alors au grand jour toutes les conséquences d'une économie de la cupidité, où la recherche incontrôlée de placements rentables, dans une conjoncture d'une énorme épargne mondiale, ignore frontalement le facteur humain d'une économie ramenée à des calculs incompréhensibles par le commun des mortels. Mais les aides des États ont une conséquence directe en termes d'endettement. La troisième grande crise de l'après-guerre est celle des États qui, devant faire face à des dettes très élevées, limitent leurs interventions et se soustraient à leurs engagements passés.

Nous en sommes là. Deux thèses s'opposent. La première estime que la crise est passée et qu'est venu le temps de la reconstruction sans remettre en cause le modèle économique dominant. La seconde, que nous faisons nôtre, est beaucoup plus radicale. Elle remet en cause tout le système. À ce titre, il n'y aura pas de reprise car il n'y a pas de crise. Nous sommes entrés dans une formidable mutation que certains comparent au temps de la Renaissance. Le problème est que, s'il n'est pas difficile de critiquer notre économie, il est plus compliqué de s'entendre sur un autre modèle capable de redonner espoir, emplois et dignité à tous. Des pistes sont ouvertes : l'économie verte, l'économie circulaire, l'économie sociale et solidaire, l'économie territoriale, le développement durable portent du sens, mais pas encore une alternative.

C'est probablement du côté du facteur humain qu'il est nécessaire de se pencher pour comprendre et agir. Dans le cadre des mouvements ici évoqués, les mutations de la société construisent des fragilités à analyser. Parmi elles, l'individualisme de notre temps, la fin des grands engagements collectifs, la contestation de la politique, les recompositions familiales, le refus de la solidarité et du partage ne sont pas des attitudes irréversibles. Le déclin des religions traditionnelles dans les pays riches et la montée des radicalismes dans toutes les religions interpellent sur la place et le rôle du spirituel dans notre capacité à comprendre le monde et surtout à vouloir le changer. Notre société matérialiste est en quête de sens.

Certes, la spiritualité se rattache naturellement aux religions. Chacune d'entre elles a ses références, ses pratiques et ses convictions. Mais elle les dépasse aussi en désignant des croyances ou des comportements humains qui relèvent de l'universel. Elle peut se traduire par une exploitation de l'intériorité et la recherche d'un éveil spécifique.

Les réponses aux crises de notre temps ne sont pas toutes dans l'économie. Elles renvoient à des valeurs non marchandes qui sont celles qui donnent un sens à la vie. Le regard sur les autres, l'attention accordée aux plus démunis, le souci du bien commun, la défense de l'intérêt général sont des formes de spiritualité qui manquent cruellement aux êtres humains de notre temps.

Mise en pratique du bouddhisme de Nichiren face aux questions économiques du travail et de l'argent

Adrienne Philippe

Nous sommes tous conscients que notre société se défait. Le problème va en effet au-delà de la crise économique mais touche le bien vivre ensemble. En dépit de cela, l'époque est aussi formidable car c'est une époque charnière où tout peut être réinventé !

Les valeurs religieuses ont un rôle déterminant pour accompagner un changement positif. Le bouddhisme, notamment, peut nous aider sur ce chemin, car son objectif est de libérer les êtres humains de la souffrance. C'est pourquoi cette religion, née il y a deux mille cinq cents ans, se sent concernée par les problèmes économiques. L'économie concerne toutes les sphères importantes de la vie en société : le travail, l'argent, notre façon de consommer, les relations professionnelles, etc.

De bonnes conditions économiques favorisent le bien-être, elles sont donc importantes pour le bouddhisme. Mais ces conditions économiques à elles seules ne sont pas suffisantes. Les bouddhistes considèrent en effet que le bonheur ce n'est pas avoir mais être. On peut d'ailleurs être heureux à un moment et malheureux à un autre sans que notre situation économique ne change. Nichiren Daishonin, le fondateur de notre école, qui vécut au XVIIIe siècle au Japon, proclame qu'il est l'homme le plus heureux alors qu'il vit dans une extrême précarité. De même, Josei Toda, le deuxième président de la Soka Gakkai, atteignit l'illumination alors qu'il était en prison.

Le bouddhisme aide à réformer les conditions de vie intérieure qui empêchent d'être profondément heureux.

C'est-à-dire permettre de dépasser peurs, illusions, doutes, tendances de vie négatives et karma négatif. Comment transformer ce karma ou les souffrances générées par ce karma ?

Utiliser la pratique religieuse (récitation d'un mantra ou phrase du Sûtra du Lotus) pour éveiller en soi la force de vie et de sagesse – appelée état de bouddha – va permettre de savoir quoi faire et donne la force de le faire.

Devant une difficulté économique telle que le chômage par exemple, il est possible de parvenir à vivre les événements de façon allégée. C'est comme cela que je l'ai moi-même vécu. En pratiquant, j'ai compris que cet épisode de ma vie n'arrivait pas par hasard et qu'il était le moyen de croire davantage en ma valeur et de me forger une personnalité moins fragile. C'est comme cela que j'ai pu trouver l'emploi qui correspondait totalement à mes attentes à tous les niveaux. Pour y arriver, je me suis également appuyée sur la communauté des croyants.

Le groupe est en effet très important dans l'enseignement. Il ne s'agit pas d'y trouver une technique ou des solutions toutes faites, mais plutôt de partager les souffrances, partager les expériences, et de recevoir du courage pour résoudre de façon autonome ses propres difficultés. La sagesse chinoise explique en effet que, pour aider une personne qui a faim, lui donner un poisson la nourrit un jour et la rend dépendante, mais que, si on lui apprend à pêcher, on l'aide à se nourrir tous les jours et on la rend autonome.

La relation de maître et disciple est aussi un facteur de réussite dans le bouddhisme. Le maître ayant vaincu les difficultés, il montre que nous aussi nous pouvons être heureux.

En bouddhisme, on utilise nos difficultés pour en faire un tremplin afin de transformer notre karma. Il ne s'agit pas de souffrir pour souffrir, mais de souffrir pour être plus heureux, ce qui parfois demande des efforts. De la même manière, un bourgeon fournit des efforts lorsqu'il doit sortir du bois de l'arbre.

Comment le bouddhisme oriente-t-il les êtres humains ?

Cette question en amène une autre : « comment la religion peut-elle favoriser la création d'une société de paix où la dignité humaine est respectée ? »

Pour y arriver, le bouddhisme propose de réformer les comportements qui sont à l'origine des grandes souffrances de notre monde. Appelés les Trois Poisons, ils sont : la colère, à l'origine de la guerre ; l'avidité, à l'origine des famines ; l'ignorance, à l'origine des épidémies.

Si l'on s'arrête principalement sur l'avidité, c'est la principale cause des difficultés sur le plan économique. Tout le monde connaît l'avidité car elle fait partie de notre monde intérieur. On l'appelle aussi désir, appétit, avarice, boulimie, convoitise, cupidité, envie, gloutonnerie, voracité, etc.

Cette tendance de vie est encouragée par notre société de consommation, qui crée chez chacun de nouveaux besoins inutiles. Nous voulons assouvir sans cesse des désirs insatiables, c'est épuisant et source de tensions intérieures. Nous sommes dans une civilisation matérialiste favorisant l'hypertrophie du désir, qui ne laisse au final que du vide spirituel.

On retrouve l'avidité dans les règles de concurrence qui, poussées à l'extrême, ne font qu'avantager une minorité au détriment d'une majorité de perdants. Au final, ces déséquilibres engendrent haine et violence dans une société dominée par l'égoïsme.

Enfin, l'avidité entraîne l'épuisement des ressources naturelles et la destruction de l'environnement.

D'après l'enseignement bouddhique, il est ainsi essentiel pour notre bien-être et celui d'autrui de pouvoir contrôler ou atténuer les effets de cette avidité.

Pour cela, le bouddhisme explique que tout être vivant peut arriver à contrôler son avidité en s'appuyant sur ses valeurs religieuses et faire jaillir une force intérieure, qui permet d'orienter différemment sa conduite. La conduite de vie adaptée pour être heureux dans notre société est celle de la Voie du milieu comme le précise le Bouddha Sakyamuni dans l'un de ses premiers prêches après son illumination.

Comment définir cette Voie du milieu ? Ce n'est ni l'hédonisme, ni l'ascétisme, mais la modération.

L'être humain qui recherche l'éveil ne doit pas poursuivre l'objectif, impossible à atteindre, de supprimer les désirs, mais plutôt d'aiguiller le désir vers des buts positifs, objectif à sa mesure et tout à fait souhaitable. En effet, un des bonheurs les plus profonds est le bonheur partagé, qui apparaît lorsque nous arrivons à utiliser notre énergie issue de l'avidité pour le bien d'autrui.

Il est possible de parvenir à adopter un autre comportement en travaillant dur pour dépasser l'égoïsme, contrôler l'avidité, les préjugés et les conflits. On peut ainsi espérer transformer notre société, amoindrir le culte de l'argent et développer le respect de la dignité humaine. Dans une telle société, l'argent ne serait plus une finalité, et conserverait son utilité au service des activités humaines, comme le dit l'expression : l'argent est un mauvais maître, mais un bon serviteur.

J'ai moi-même transformé ma peur de manquer d'argent. Cette peur a un lien avec l'attachement aux biens que l'on possède. Cet attachement entraîne peurs, frustrations et jalousies. Cette peur est aussi liée à la difficulté que l'on a d'envisager la réalité de sa mort. C'est pourquoi il est bon de considérer ses possessions (y compris son corps) comme un prêt, quelque chose qui nous est octroyé de manière provisoire.

Le bouddhisme n'envisage pas la mort comme une fin. Il considère que le « continuum de conscience » propre à chacun transmigre, au moment de la mort, dans une nouvelle existence, et que ce processus se répète dans un cycle sans fin de naissances et d'extinctions. Au moment de la mort, on n'emporte avec soi que notre « vie intérieure », nos qualités et actions vertueuses.

Les richesses ne sont donc pas condamnées par le bouddhisme, mais on ne doit pas y attacher trop d'importance car, tôt ou tard, on finira par les perdre. Pour les bouddhistes, la véritable richesse est celle du cœur.

Aujourd'hui, je me sens libre par rapport à l'argent, d'en gagner, d'en dépenser, d'en donner. Le don est d'ailleurs un moyen concret de se libérer de l'emprise de l'avidité. Ma démarche s'inspire en fait d'un sûtra qui explique que l'argent que l'on gagne ne doit pas être dépensé seulement pour soi, mais doit être aussi réservé à notre entourage, aux imprévus et à soutenir la société.

Pour conclure, Daisaku Ikeda, président de la Soka Gakkai internationale, explique que le bouddhisme permet d'acquérir une manière de vivre qui amène à contrôler ses désirs et à les utiliser pour se développer davantage, vers un objectif plus élevé, afin de parvenir à la prospérité pour soi-même et pour autrui.

CHAPITRE III

Quel système de valeurs humaines pour refonder l'économie ?

Tarik Bengarai Abou Nour, Marion Genaivre,
Paula Kasparian (modératrice),
Serge-Christophe Kolm, Edmond Lisle,
Cécile Renouard,
Claude Riveline, Thibaut Tekla,
Laurent Vincenti.

À Paris,
Centre bouddhique Soka Paris-Opéra

La finance islamique, une alternative éthique, responsable et participative pour une économie en crise

Tarik Bengarai Abou Nour

L'islam, troisième et dernière religion monothéiste, précise à l'être humain sa responsabilité sur terre. Pour ce qui est de l'argent (les biens), l'être humain sera interrogé devant Dieu son Seigneur et Créateur sur sa provenance et sa dépense. Nos biens doivent ainsi provenir de source licite et dépensés dans le licite (halal). L'islam considère l'argent comme un moyen et non un but, et il est en même temps une épreuve pour tester la foi du croyant.

Le modèle économique islamique est différent du capitalisme et du communisme. L'argent en islam est à Dieu (comme dépôt chez l'être humain qui est Son Lieutenant[1]) et non pas à l'individu ni à l'État. Néanmoins, l'islam reconnaît bien la propriété privée, la respecte et la protège, il déclare sacrés l'être humain, sa vie, ses biens et son honneur. L'islam prône un juste milieu entre l'individualisme excessif du capitalisme et le collectivisme inéquitable du communisme.

Dans son éthique globale, et pour protéger l'homme de lui-même, protéger notre patrimoine commun et assurer une gestion sage et durable des ressources, l'islam s'est intéressé ainsi aux comportements commerciaux, il imposa le respect de certains principes, on en cite essentiellement :

L'interdiction du préjudice ; l'interdiction du *ribâ* : qui se traduit essentiellement par le fait que le délai accordé

1. Le terme coranique *Khalîfa* est cité dans le Coran pour qualifier le père de l'humanité : Adam que Dieu a établi sur terre et auquel il a précisé sa mission (droits et devoirs).

pour le remboursement d'une dette ne peut pas être facturé (*Ribâ al Qurûd*). Le *ribâ* (qu'il soit sous forme de taux d'intérêt ou de taux d'usure ou de pénalité de retard de remboursement) est considéré selon l'islam comme une injustice et un abus de position de force, et est contraire à la logique islamique de l'entraide mutuelle et gratuite concernant les crédits. Ainsi on comprend que le crédit ne peut pas être industrialisé, mais doit rester une exception. Le nombre de versets coraniques qui traitent du *ribâ* est de sept (sourate 2, versets : 275, 276, 278, 279 et 280 ; sourate 3, verset 130 ; et sourate 30, verset 39). Une banque respectant les principes de l'islam se comportera ainsi comme un investisseur et partagera les risques et les rendements. Le crédit est perçu en islam comme un acte volontaire « exceptionnel » d'entraide mutuelle et non comme une industrie. Ainsi l'argent ne produit pas l'argent, mais il est un moteur de l'économie et une dynamique d'investissement réel, qui doit circuler et contribuer à notre bonheur et notre confort commun.

L'interdiction du *gharar* : *gharar* étant défini comme tout élément aléatoire susceptible d'engendrer un préjudice ou une tromperie. Il désigne toute vente à caractère aléatoire ou possédant un élément vague, imprécis, ambigu, incertain ou caché...

L'interdiction du *maysir/qimâr* : le *qimâr* ou *maysir* se définit comme toute forme de contrat dans lequel le droit des parties contractantes dépend d'un événement aléatoire. C'est notamment ce principe que l'on trouve dans les jeux de hasard et les paris avec mise. Comme alternative aux assurances commerciales fondées largement sur ce concept d'aléa, on cite l'assurance « mutuelle » islamique (*Takafoul*).

Principe des 3 P : partage des pertes et profits. Les secteurs d'investissements illicites (filtre exclusif) : on en cite l'industrie du tabac, l'industrie de l'alcool et du vin, l'industrie des jeux de hasard, la pornographie, l'industrie de l'armement, etc. La lourde responsabilité de contrôler la compatibilité à la loi islamique des produits de cette finance est à la charge des *Sharia Board*, qui sont des comités composés de docteurs de la loi islamique et de financiers chevronnés. Les quatre questions que se posent ces comités devant toutes transactions : 1. Les termes de la transaction sont-ils conformes à la loi et la morale islamiques ? 2. Est-ce le meilleur investissement pour le client ? 3. L'investissement envisagé produira-t-il de la valeur ajoutée pour le client ? Pour la communauté ? Pour la société dans lequel le client est actif ? 4. En tant que gestionnaire de fonds, la banque effectuerait-elle la transaction de la même manière qu'elle le ferait si elle agissait pour son propre compte ?

Les banques islamiques sacrifient-elles le rendement financier ?

Contrairement aux banques occidentales classiques, les banques islamiques ne sont pas des établissements de crédit[2] et elles ne se financent pas par le crédit à cause de la prohibition de l'intérêt (*ribâ*). Les banques islamiques sont d'abord des investisseurs qui obéissent à un code moral, qui les contraint à avoir un filtre d'exclusion et à favoriser l'économie réelle. On pourrait croire ainsi que, à cause de ces contraintes (ou principes), elles se privent d'opportunités d'investissement et que leur absence de certains marchés les pénalise financièrement. Les chiffres démentent clairement cela. En effet, depuis leur existence, les banques islamiques ont des rendements financiers certes moins importants sur les périodes de vaches grasses par rapport à leurs concurrents occidentaux, mais, en période de vaches maigres (ou de crises), leurs rendements restent positifs alors que l'économie mondiale souffre et que certains de leurs concurrents occidentaux agonisent. Ainsi, sur le moyen et le long terme, les banques islamiques sont plus performantes et plus stables. L'enquête annuelle du magazine professionnel, *The Asian Banker*, révèle que les actifs des cent plus grandes banques islamiques ont augmenté

2. Elles peuvent octroyer un crédit (sans intérêts) *qard hasan*, mais cela reste rare et pour une clientèle ciblée.

de 66 % en 2008 (contre + 13,14 % pour les trois cents premiers établissements d'Asie). Une recherche récente[3] s'est intéressée aux mesures de la performance boursière de la finance islamique et à l'impact de l'application de critères d'exclusion sur le niveau de performance globale d'une panoplie d'indices islamiques. La question était de savoir si la finance islamique était capable ou non d'offrir aux investisseurs boursiers une rentabilité et un risque de niveau comparable. Plusieurs indices Dow Jones islamiques sectoriels et régionaux ont été appariés à des équivalents classiques sur la période 1996-2009. Sur la période 1996-2009, les résultats ne dénotent pas une différence significative de performance sur le plan mondial. Pour la région de l'Asie-Pacifique en particulier, la performance, mesurée par le ratio de Sharpe[4], de l'indice islamique est significativement supérieure de 0,0117 par rapport à celle de l'indice conventionnel traduisant une meilleure rémunération du risque. Ces constatations empiriques permettent d'affirmer que le secteur de la finance islamique ne semble pas souffrir des coûts qui lui sont spécifiques. La meilleure performance observée sur la région de l'Asie-Pacifique, berceau de la finance islamique, aurait même tendance à prouver l'inverse. En outre, lorsque l'on s'intéresse aux seules observations extrêmes, la plupart des indices islamiques semblent à la fois moins souffrir de la chute des cours et moins tirer profit de la hausse. L'indice islamique mondial affiche en effet une performance (ratio de Sharpe) supérieure de 0,53

3. K. Jouaber et M. Ben Salah, 2009, « *The performance of Islamic Market Indexes in Catastrophic Market Events* », document de recherche, université Paris-Dauphine.

4. Ce ratio permet au gestionnaire d'un fonds d'optimiser le niveau de risque pris et la rentabilité attendue ; le ratio représente le rapport de la performance du fonds diminuée du taux sans risque (ce dernier correspond à un placement monétaire sans risque), le tout sur la volatilité du fonds. Le risque est jugé rémunérateur si le ratio de Sharpe est supérieur à 1. Si le ratio est supérieur à 0,5, le rendement du portefeuille surperforme le référentiel pour une prise de risque ad hoc. Autrement dit, la sur-performance ne se fait pas au prix d'un risque trop élevé.

à la baisse et inférieure de 0,38 à la hausse comparée avec celle de leurs équivalents conventionnels[5]. L'ingénierie financière islamique est en pleine croissance et promet – si sa théorie est respectée – une économie plus rentable, plus morale, respectant l'être humain et son environnement.

5. Voir : http://www.boursorama.com/infos/imprimer_news.phtml?num=34a96296c9cbe67c388fee61cff27eee

Création de valeur(s)

Marion Genaivre

J'aimerais tout d'abord exprimer ma profonde reconnaissance pour cette opportunité qui m'est donnée de témoigner, en tant que disciple de Daisaku Ikeda et jeune citoyenne vivant dans le système économique actuel. Fruits de mon engagement spirituel, les réalisations et choix que je raconte ici inspireront, je l'espère, de nombreux jeunes et leur (re)donneront de l'espoir.

Attirée très jeune par la spiritualité et les religions, j'ai cherché dans nombre d'entre elles de quoi comprendre et me libérer des souffrances qui apparaissaient, mais aussi de quoi cultiver ce lien que je me sentais avoir avec une dimension de vie plus vaste que moi-même. À l'âge de dix-sept ans, ma curiosité pour le bouddhisme de Nichiren Daishonin, pratiqué par mes parents depuis ma naissance, se fait plus forte et se transforme en expérience, puis en foi grandissante.

Alors que j'entame des études de philosophie à la Sorbonne, je comprends que l'économie est une caractéristique nécessaire de la société humaine, mais qu'il tient à l'être humain d'en décider les fondements et la finalité. De nombreux jeunes autour de moi sont divisés : s'ils souhaitent, bien sûr, atteindre un bon niveau de vie, ils aspirent également à réaliser d'autres valeurs que celle de l'argent. Faudra-t-il choisir ? Et comment faire en sorte que la valeur argent ne l'emporte pas sur toutes les autres ?

J'ai eu, pour ma part, la précieuse chance d'avoir su trouver comment, grâce à mon maître bouddhique. Et de comprendre, par là même, pourquoi la relation de maître et disciple est au cœur de l'enseignement bouddhique. Sur le chemin de l'éveil que j'ai souhaité emprunter, j'ai choisi pour maître un homme qui parcourait lui-même ce chemin de la plus haute manière qui soit. Ses lectures du Sûtra du Lotus[6] ainsi que des écrits de Nichiren Daishonin ont fait naître en moi le désir de renouveler le destin de la philosophie – cette philosophie que l'on oppose souvent de façon caricaturale à l'économie.

Ne souhaitant ni enseigner ni entamer l'écriture d'une thèse, mais aimant passionnément la philosophie, je me suis accrochée à un vœu plus profond, celui du Bouddha : contribuer à réaliser la paix et le bonheur de toute l'humanité. Mais comment ? Shakyamuni, puis Nichiren Dashonin nous éclairent : en devenant profondément heureux avec les autres ici et maintenant, et ce, non pas en dépit de nos souffrances, mais grâce à elles. C'est ce que le bouddhisme appelle la transformation du karma. Elle fait notamment partie de ce que Josei Toda[7] – deuxième président de la Soka Gakkai et maître de Daisaku Ikeda – appellera la « révolution humaine ». Cette révolution est le défi que tout être humain peut se lancer de s'améliorer chaque jour et d'ouvrir son cœur pour que ses désirs ne soient plus égotiques, mais altruistes. Dans l'un de ses ouvrages, Daisaku Ikeda explique à la jeunesse que cette révolution doit être au fondement de toutes les autres – politiques, économiques, industrielles, scientifiques, artistiques... –, faute de quoi toutes les entreprises des hommes resteront motivées par une force égoïste et dépourvue de bienveillance.

Je décide donc de réaliser ma révolution humaine en réalisant mon désir : changer le système actuel par le changement intérieur de ceux qui le font vivre, autrement dit accompagner les organisations en réhabilitant la pratique de la philosophie en leur sein.

---

6. L'un des textes les plus importants des enseignements du bouddhisme du Grand Véhicule et texte de référence dans le bouddhisme de Nichiren Daishonin.
7. Josei Toda (1900-1958), disciple du fondateur de la Soka Gakkai, Tsunesaburo Makiguchi, et maître bouddhique de Daisaku Ikeda, actuel président de la Soka Gakkai internationale (SGI).

La force de ce désir crée un enchaînement de défis et de circonstances harmonieuses tout à la fois. Un master professionnel de philosophie appliquée est créé à la Sorbonne alors que je termine deux années de recherche. Je fais partie de la première promotion et contribue encore aujourd'hui au développement de cette formation. J'ai l'opportunité d'effectuer un stage, puis d'être embauchée, dans l'un des plus gros cabinets de conseil et d'audit du monde, acteur et représentant majeur du système économique actuel. Pendant une année, mon niveau de confort est apparemment maximal pour une jeune femme de mon âge : cadre de travail correct, collègues sympathiques, très bonne rémunération (la plus élevée sur le marché du travail pour une personne de mon âge et de mon parcours...), mais peu de satisfaction existentielle, car mon travail ne crée pas le changement pour lequel ma foi me donne le désir d'œuvrer.

À cette aspiration, on m'oppose la raison et l'état de l'environnement économique, précisément. Outre la conjoncture, il n'est pas certain que le système économique actuel fasse de la place à celle que je veux lui présenter : la philosophie. Pendant trois mois, je prie et j'étudie plus intensément l'enseignement de Nichiren, puis les commentaires et orientations de mon maître bouddhique. Je finis par sentir dans mon cœur ce qui est juste : ne pas renouveler mon contrat dans ce grand cabinet et créer ma propre structure pour accompagner les organisations dans l'appréhension du sens de ce qu'elles font (pourquoi et comment) par la pratique de la philosophie. J'ai trouvé la confiance et le courage d'agir en ce sens dans l'un des principes fondamentaux du bouddhisme : *esho funi*, l'inséparabilité de soi et de son environnement. Si je change, le monde change. Non seulement je suis donc en mesure d'influencer mon environnement, mais j'ai la responsabilité de l'influencer positivement, c'est-à-dire d'élever notre humanité commune.

Aujourd'hui, je suis amenée à animer des ateliers philosophiques dans le monde entier. Aujourd'hui, ma société est toute jeune, comme moi. Et, comme moi, elle persévérera !

Il n'est pas d'éveil personnel authentique sans désir que les autres y accèdent aussi. Créer ma propre société, avec pour aspiration dernière que le nombre de consciences éclairées grandisse, est une réalisation avec laquelle j'espère encourager de nombreuses personnes, et notamment des jeunes, à se dresser par elles-mêmes. Car ce qui est possible, au fond, ne dépend-il pas de notre détermination et de notre engagement pour l'humanité et pour la Vie ?

Chercher dans l'économie ce qui la fonde

Paula Kasparian

LA FIN DES SOCIÉTÉS européennes se fait sentir avec la diversité de leurs crises : économique et financière, sociétale, démocratique. La crise culturelle du relativisme des valeurs ne serait-elle pas à la fondation de toutes les crises ? Dans cette perspective, il est légitime d'interroger les religions qui, depuis que l'homme est apparu, sont à la fondation des cultures. Faut-il pour cela parler de refonder l'économie ? Faut-il la refonder sur la base d'un système de valeurs ?

L'économie est une science née avec la modernité. Plutôt que de postmodernité, illusoire à bien des égards, ne vaut-il pas mieux parler de transmodernité, l'enjeu étant de rechercher de l'intérieur de la modernité la dimension transcendantale oubliée ? Plutôt que de parler de refonder l'économie, ne vaut-il pas mieux chercher ce qui en elle la fonde ? Ce qui la fonde ressurgit, ici et maintenant, de la mémoire de témoins accédant à la liberté que donne l'Ultime recherché dans toutes les religions. Prenons bien garde à ce que ce soit ce surgissement qui fasse système et non le système devenant idéologie qui occulte l'espace du surgissement…

Des sociétés s'achèvent, d'autres naissent sur la base de ces expériences de l'Ultime. Les spirituels enracinés dans différentes religions se reconnaissent en ce qu'ils font le choix de la vie, de la paix et de l'amour, autant de valeurs qui nous ouvrent sur la transcendance sans laquelle nos vies ne seraient que finitudes. Ils deviennent témoins du monde qui vient… Quand un monde se défait, un autre vient, qui nous sollicite à la vie. Soyons acteurs du monde qui vient, récipiendaires de pensées qui ne nous appartiennent pas parce qu'elles sont éternelles, priants dans la nuit profonde où pointe un jour nouveau. Bref, soyons des Vivants marchant sur l'écume des jours où tout vacille.

Quelles valeurs pour l'économie ?

Serge-Christophe Kolm

La question posée « Quelles valeurs pour refonder l'économie ? » doit elle-même faire face à plusieurs questions et remarques préalables. Faut-il refonder l'économie ? En effet, la misère dans le monde n'a jamais été réduite tant et si vite que dans les trente dernières années et les progrès techniques sont une réalité.

L'économie doit-elle être fondée sur des valeurs et lesquelles ? Car il faut que ces valeurs soient et puissent être adoptées et mises en œuvre. Les valeurs ne « valent » pas seulement par l'effet des actes qu'elles induisent, mais aussi en elles-mêmes, intrinsèquement, pour les types de pratiques et de relations qu'elles impliquent. Cette réflexion doit d'abord être appliquée dans le cadre du « libéralisme » parce que c'est celui du monde actuel, il a des vertus d'efficacité et la liberté applique les valeurs.

Or l'idéologie libérale classique se fonde non sur la valeur de la liberté en elle-même mais sur une théorie économique de base qui démontre que le système de libres marchés met la société en un état tel qu'aucun autre ne lui est préféré par tout le monde à la fois (une condition nécessaire mas non suffisante d'optimalité), sous certaines conditions comprenant en particulier que les individus ne recherchent que leur intérêt personnel (conditions donc suffisantes mais non nécessaires pour obtenir ce résultat).

Notons que la deuxième parole du Bouddha rapportée par les textes les plus anciens (l'*abhidhamma*, troisième et plus profonde partie de la « triple corbeille » – *tripitaka* – du canon pali) est : « Je suis un analyste (*vibhajjavadi*) et non un dogmatique (*dittivadi*). » [La première est : « J'enseigne la souffrance, les causes de la souffrance et la cessation de toute souffrance. »]

Valeurs pour l'économie

Les relations entre les valeurs, les actes et leurs conséquences soulèvent trois problèmes :

1. Problème direct classique des sciences du comportement : étant donné des motivations supposées, quels sont les actes et conséquences en résultant ?
2. Problème inverse de l'inférence psychologique : étant donné les actes, bons ou mauvais, quelles sont les motivations qui les induisent ?
3. Problème normatif inverse : étant donné un résultat et des actes souhaitables, quelles sont les motivations qui les induisent ?

Il apparaît en fait que plusieurs types différents de valeurs sont nécessaires à un meilleur fonctionnement de l'économie : valeurs d'honnêteté traditionnelle, d'action, d'aide, de modération, d'interaction.

« Économie sociale et solidaire »

Le système de marché – et donc le libéralisme – a plus ou moins fait ses preuves : il nourrit une population mondiale gigantesque, a porté les progrès techniques et a jusqu'ici survécu à ses crises. Mais il repose, tel qu'il est, sur l'intérêt personnel, l'égoïsme, l'avidité, l'hostilité de la concurrence, etc. Il a nourri des masses, mais beaucoup sont dans la misère. Il engendre l'inégalité, particulièrement avec le capital financier et la mondialisation. De plus, les crises générales ne sont pas finies : la dernière crise, en 2007-2008, et sa suite : la crise des dettes des États. La fin de partie n'est pas encore jouée. Enfin, dans les entreprises règnent la hiérarchie et une possible exploitation (le salariat est une interprétation particulière du libéralisme). Vaste sujet !

Classiquement, au marché est opposée la « planification » (par l'État). On dit que la mort du système « soviétique » a prouvé son incapacité à faire marcher l'économie. Mais il y a aussi le despotisme civil, l'« illiberté » générale. L'avenir de la Chine, qui garde le despotisme et adopte le marché, sera instructif.

Y a-t-il des « troisièmes voies » possibles? Elles pourraient « refonder » l'économie. Certaines pourraient en particulier essayer de diminuer des défauts et de conserver des qualités du marché (ou de la planification). La question des rôles de l'intérêt et des valeurs (et quelles valeurs ?) se pose alors. De nombreuses propositions ont été faites et un nombre notable d'expériences menées depuis le début du XIXe siècle. La durée de vie de ces expériences est très variable.

C'est le champ de l'ESS (économie sociale et solidaire). Un problème fréquent est que ces propositions sont souvent locales (coopérative, autogestion, etc.) Mais comment régler la question de l'interdépendance générale ?

Ces expériences reposent sur des valeurs comme la justice (exemple du « commerce équitable »), l'entraide, la réciprocité ou la mutualité, la compassion, etc. Celles qui réussissent reposent aussi souvent sur des valeurs extra-économiques, par exemple religieuses ou nationalistes/communautaristes.

Pour associer de la solidarité au marché, les sociétés du XXe siècle ont suivi deux modèles idéaux. Dans le libéralisme des pays anglo-saxons, un marché très libre est complété par de la philanthropie. En Europe continentale, les institutions étatiques interviennent assez fortement dans les échanges et la production, leur assistance publique redistribue et les coopératives et mutuelles tiennent souvent une place notable (qu'il y ait en France un « ministère de l'Économie sociale et de la Solidarité » montre l'importance sinon du fait, du moins de l'espoir porté par cet idéal). Au début du XXIe siècle, ces deux modèles sont en crise : crise économique du libéralisme avec son économie financiarisée et mondialisée, et crises du financement des services sociaux et des interventions étatiques ailleurs. Il faut donc reconstruire l'association marché-redistribution selon les meilleures possibilités. Après avoir tiré les leçons des Lumières, en mettant l'accent sur la liberté par le libre marché et la philanthropie, et sur l'égalité par la redistribution publique, il faudrait faire maintenant plus grand cas de la fraternité.

On peut aussi partir non de l'imagination utopique mais de l'échange marchand qui a le mérite d'exister pour repenser le système et les théories des marchés. Il peut aussi y avoir entre les participants des « sentiments sociaux » qui favorisent tant le fonctionnement et l'efficacité du marché que le bonheur des « trans-acteurs » qui les ressentent ou en sont l'objet : ainsi le plaisir de l'interaction, celui de voir la satisfaction de l'autre échangeur et d'y contribuer, le sens de l'équité, le désir de céder ce que l'on cède étant donné que l'on reçoit en retour (réciprocité), la confiance et la confiance réciproque, la sincérité, le respect des engagements, le respect de l'autre et de ses droits, la vision de l'échange considéré davantage comme une coopération où tous trouvent un bénéfice que comme un combat, etc. Se soucier des besoins et du bien-être des autres peut conduire au don.

Mais ce motif de don entraine que quelqu'un aide moins les nécessiteux si d'autres personnes ou l'État les aide aussi. Logiquement, cet échec du don n'est évité que si celui-ci est motivé par un devoir d'origine quelconque (moral, relationnelle, religieuse, etc.)

Comme le libéralisme économique, les religions, les croyances et les spiritualités sont des candidats classiques pour être jugés « à la fois la meilleure et la pire des choses ». Présentes dans toutes les sociétés humaines connues, elles y sont, entre autres choses, l'excipient principal des valeurs. Cela inclut, malheureusement, les valeurs les plus délétères : valeurs communautaires conduisant aux pires guerres, et valeurs d'oppression, d'inégalité et d'injustice sociales. Mais cela inclut aussi les autres valeurs. Fréquemment, dans l'histoire, telle religion a aussi été le meilleur allié et le complice d'une structure sociale oppressive. L'opium du peuple est souvent son rôle le plus anodin, mais bien des révoltes ont aussi été des mouvements de nature religieuse ; c'est d'ailleurs une forme habituelle de naissance des religions. En fait, toute nouvelle religion est en soi une révolte, qu'elle s'accompagne ou non de révoltes matérielles, comme le bouddhisme et le jaïnisme dans l'Inde à castes brahmanique des vedantas, le christianisme, les protestantismes, les révoltes « monothéistes » contre les « idoles » et le « veau d'or » économique – toujours bien debout, etc. Au total donc, pour les religions comme pour le libéralisme, il faut commencer par séparer le bon grain de l'ivraie, problème important et très exigeant en finesse analytique. Pour le libéralisme, il faudrait garder la liberté et l'efficacité économique en écartant les effets distributifs et relationnels délétères. Pour les religions, supprimer l'aliénation, l'irrationalité, la complicité sociale, en gardant l'humilité (le contrôle de l'ego), la fraternité, l'altruisme, le devoir d'aide, et aussi l'acceptation du monde que je ne peux pas changer (« ainsi soit-il »), et l'attitude de confiance lucide (la « foi » pouvant être problématique).

Apports spécifiques du bouddhisme

Les deux phrases de l'*abhidharma* (*abhidhamma*) rappelées plus haut montrent que le bouddhisme de « base », en général, a un sujet, un but et une méthode. S'ajoute alors une connaissance psychologique (« théorie de l'esprit »), une pratique (« méditation »), des conceptions des faits et des conseils en découlant. L'économie est cause de multiples souffrances. Le non-soi (*anatta*) et l'autoformation apportent des réponses, et les notions d'interdépendance et d'impermanence (*anicca*) conduisent à préconiser la « Voie du Milieu ».

À Kamakura, au XIIIe siècle, le bouddhisme et ses pratiques sont très en vogue dans la noblesse. Un seul temple, en bois, accueille les pauvres – souvent des pêcheurs – et leur enseigne : c'est celui de Nichiren. Dix-huit siècles plus tôt, Siddhartha Gautama Shakyamuni (dit le Bouddha) admet dans son *sangha* (communauté) une *chandala*, femme et bâtard d'une hors-caste et d'un étranger – le plus horrible des statuts à des yeux indiens. Vers le début de notre ère, dans le milieu Theravada (école des anciens) obnubilé par le non-soi (*anatta, anatman*), le déni de l'ego, le Mahayana montre des bodhisattvas s'offrant aux autres, s'abstenant d'entrer au Nirvana tant qu'ils ne l'ont pas rejoint dit la métaphore. L'Église chrétienne syriaque, entendant parler du Bouddha, le canonise sous le nom de saint Josaphat (de *bouddhadasi* ou de *bodhisattva*).

Conclusion

Enfin, la découverte, l'explication et l'enseignement des valeurs, et l'amélioration du système économique et social doivent aller de concert. La pratique montre les besoins, les possibilités et l'exemple. Les expériences socio-économiques et les traditions philosophiques, morales et spirituelles sont les deux sources dont les eaux mêlées peuvent permettre à la volonté d'irriguer un monde plus vivable.

Éthique et économie : le diagnostic[8]

Edmond Lisle

LA CRISE MONDIALE a démarré en 2007 aux États-Unis par une crise du financement immobilier due à l'octroi de prêts à des ménages insolvables, les *subprimes*. Elle prit une ampleur inquiétante un an plus tard avec la faillite de Lehmann Brothers, qui avait vendu des produits financiers toxiques à ses clients, en leur promettant des rendements trop élevés pour être viables.

En même temps, au Royaume-Uni, une banque de prêts immobiliers, Northern Rock, risquait la faillite parce qu'elle aussi avait pris des engagements à long terme, qui n'étaient plus couverts par les dépôts à vue de ses clients.

Sa faillite – et les pertes des petits épargnants qui lui avaient fait confiance – fut évitée par sa nationalisation par le gouvernement de Sa Majesté. Deux autres grands établissements financiers britanniques, Royal Bank of Scotland et Lloyds, furent eux aussi renfloués aux frais du contribuable pour éviter leur effondrement : ils étaient « *too big to fail* », trop gros pour tomber en faillite.

Aux États-Unis, le choc de la faillite de Lehmann se propagea aux plus grands établissements financiers de Wall Street. Il fallut l'intervention du gouvernement américain et de la Réserve fédérale, arrosant de liquidités les banques ou recapitalisant de grands établissements fédéraux de crédit immobilier (Freddie Mac et Fannie Mae) pour enrayer une panique des marchés. L'escroquerie monumentale d'un Madoff, qui lui aussi promettait des rendements invraisemblables à ses clients, était l'expression

8. *Éthique et économie*, Fraternité d'Abraham, hors-série, mars 2012, 174 p. Fraternité d'Abraham BP. 40 231 – 75364 Paris cedex 08.

caricaturale d'un univers de la finance tellement séduit par l'appât du gain qu'il refusait de se demander comment de tels résultats pouvaient être obtenus, car ils ne pouvaient en aucun cas être le résultat d'une activité économique honnête.

En Europe, dont le système bancaire et financier était touché par la crise américaine mais qui s'était aussi lancé dans des prêts hasardeux, en Grèce, Irlande, Portugal grâce notamment aux faibles taux d'intérêt assurés au sein de la zone euro, les gouvernements et les banques centrales (européenne, britannique, helvétique) durent intervenir comme aux États-Unis pour assurer des liquidités aux marchés, dans un contexte où les banques ne prêtaient plus car ne pouvant elles-mêmes se refinancer, et pour recapitaliser, voire nationaliser, des établissements défaillants. Le résultat de ces interventions publiques fut, au cours des années 2009 à 2012, un énorme accroissement de l'endettement public, dans une conjoncture où il aurait fallu que les gouvernements engagent de grands programmes d'investissements publics (infrastructures, logement, énergies vertes, enseignement et recherche...) pour relancer une économie partout défaillante en Europe et aux États-Unis. Les gouvernements sont devenus trop endettés pour assurer cette relance par l'investissement, comme l'économie chinoise a pu le faire en 2008.

La faiblesse congénitale de la zone euro est alors apparue au cours de la crise grecque : une monnaie unique certes, mais sans une fiscalité commune aux pays membres de la zone ; et une banque centrale indépendante certes, mais non adossée à un État fédéral garantissant les interventions de la Banque centrale européenne (BCE) comme prêteur en dernier ressort. La dette des États membres de la zone s'assimile ainsi à la dette d'États tels que la Californie, la Louisiane, la Floride, etc. (dont on sait que beaucoup sont en faillite), mais sans un État fédéral européen derrière, à l'instar de l'État américain, pour garantir les transferts de ressources entre les États membres.

L'expérience de l'Union européenne, depuis le Traité de Rome, est qu'elle s'est construite et élargie de crise en crise ; on peut espérer que la crise actuelle de la dette souveraine de ses États membres amènera ses hommes politiques et ses institutions à transformer l'Union européenne en véritable État fédéral avec une politique fiscale sinon commune, du moins harmonisée et surveillée plus rigoureusement que ne le permettent les critères de Maastricht ; une dette souveraine consolidée de l'Union, plus solide que la dette souveraine de ses États membres et une banque centrale européenne pouvant intervenir sur le marché comme prêteur de dernier ressort. Tout cela est en cours, trop lentement, mais passe, néanmoins, par un assainissement des finances publiques de la plupart des États membres de l'Union et de la zone euro, à commencer par celles de la France, qui vit au-dessus de ses moyens depuis trente ans, finançant des dépenses courantes par l'emprunt.

La réduction de la dépense publique à l'échelle de l'Union européenne est un impératif qui devra s'accompagner d'un redéploiement de ressources vers l'investissement productif. Car il s'agit non seulement de lutter contre un chômage en Europe qui dépasse les 10% (et les dépasse même de beaucoup dans certains pays), et aux États-Unis qui avoisine les 7%, mais aussi de soutenir la concurrence avec les pays émergents, Chine et Inde notamment.

L'émergence de ces pays ne doit pas au demeurant être perçue comme une menace, mais plutôt comme une chance pour le reste du monde. Leur croissance a en effet besoin de s'appuyer sur un Occident prospère pour perdurer ; leurs capitaux peuvent contribuer à stabiliser le système financier international à travers leur engagement dans le Fonds monétaire international appelé à devenir une future Banque centrale mondiale ; enfin l'accès à leur très ancienne civilisation constitue un enrichissement indéniable pour notre propre culture, comme le développement des instituts Confucius un peu partout dans le monde le fait déjà pressentir.

L'analyse de la situation économique et financière des États développés du monde occidental et leurs relations avec les États émergents au sein du G20 qui viennent d'être rappelées, ainsi que les nouvelles politiques de sortie de crise à mettre en œuvre, ne doivent pas nous faire oublier que, si la crise a été déclenchée par la mise sur le marché de produits financiers douteux dans un climat de libéralisme totalement débridé, il y a eu aussi un appétit effréné d'enrichissement rapide, à n'importe quel prix.

Celui-ci s'est accompagné d'un développement massif de pratiques frauduleuses, de corruption à petite et grande échelle, de spoliations des plus faibles et des plus pauvres par les plus forts et les plus riches ; le signe incontournable de ce dernier phénomène est la hausse forte de l'indice de l'accroissement des inégalités, dit indice de Gini, partout dans le monde, depuis les années 1970.

C'est dans ce contexte que les réflexions que nous engageons aujourd'hui ont une importance capitale : car, si les politiques et les experts savent à peu près ce qu'il convient de faire pour réparer une mécanique financière qui s'est totalement déréglée au point d'enrayer l'activité économique et accroître le chômage, tant qu'une attention particulière n'aura pas été apportée aux règles de bonne conduite des affaires, la mécanique pourra s'emballer de nouveau.

Il ne s'agit pas seulement en effet de créer, d'entretenir et de tenir à jour un État de droit réglementant les marchés en évolution constante, de révéler les fautes et de sanctionner les coupables.

Plus fondamentalement, il s'agit d'inculquer à toute la société – à toutes les sociétés humaines qui composent notre monde – un code d'éthique et de bonne conduite, fondé sur la Loi universelle qu'enseignent les grandes religions du monde. Cela commence dans la famille, se poursuit à l'école, se diffuse par tous les moyens de communication modernes.

Les réflexions que nous vous proposons aujourd'hui visent à rappeler l'urgence d'un enseignement généralisé de l'éthique : parallèlement aux droits humains, si essentiels à nos sociétés, il faut inlassablement rappeler aussi les devoirs du citoyen : l'oubli de ces derniers entraîne la corruption et la mort de la société. Sodome et Gomorrhe ont été anéanties parce qu'il ne s'est pas trouvé dix justes dans ces villes.

Il n'est pas inutile de rappeler ici pour terminer que Maurice Allais, prix Nobel d'économie, avait dénoncé les dangers de la spéculation financière dès 1998 en ces termes :

« Depuis 1974, une spéculation massive s'est développée à l'échelle mondiale [...]. Qu'il s'agisse de la spéculation sur les monnaies ou de la spéculation sur les actions ou de la spéculation sur les produits dérivés, le monde est devenu un vaste casino où les tables de jeu sont réparties sur toutes les longitudes et toutes les latitudes. Le jeu et les enchères auxquels participent des millions de joueurs ne s'arrêtent jamais. Aux cotations américaines se succèdent les cotations à Tokyo et à Hong Kong, puis à Londres, Francfort et Paris. Sur toutes les places, cette spéculation, frénétique et fébrile, est permise, alimentée et amplifiée par le crédit [...]. L'économie mondiale tout entière repose aujourd'hui sur de gigantesques pyramides de dettes, prenant appui les unes sur les autres dans un équilibre fragile. Jamais dans le passé une pareille accumulation de promesses de payer ne s'était constatée. Jamais sans doute il n'est devenu plus difficile d'y faire face. Jamais sans doute une telle instabilité potentielle n'était apparue avec une telle menace d'un effondrement général [9]. »

Puissent nos réflexions de ce jour contribuer à ce rappel !

9. Maurice Allais, *La crise mondiale d'aujourd'hui*, Paris, Éditions Clément Juglar, 1999, pp. 69-72.

Discerner avec lucidité et confiance les « signes des temps »

Cécile Renouard

Ces derniers mois, des cadres dirigeants rencontrés à l'occasion de mes recherches m'ont partagé, de façon officieuse, leurs analyses à propos d'un système économique dont ils voient la limite sans arriver à s'en extraire : « L'autorégulation n'est plus suffisante », « nous allons dans le mur »... Certains salariés prennent des risques pour partager leur diagnostic, jusqu'à oser quitter leur entreprise quand elle contredit les valeurs qu'ils essaient de promouvoir. Quasiment chaque jour, je suis contactée par un étudiant ou un jeune professionnel qui cherche une activité professionnelle qui fasse sens, au service du développement durable et de l'économie sociale. Dans le cadre de mouvements, je rencontre fréquemment des chrétiens et d'autres croyants, acteurs dans le monde de l'entreprise, partagés entre leur grille de lecture économique classique, favorable au statu quo et leur attention à la parole du pape François, qui les aiguillonne et les invite à aller plus loin. Tous ces échanges sont empreints d'inquiétude devant l'avenir et du désir d'avancer, de s'engager en cohérence avec ses convictions.

Il y a presque cinquante ans, en 1965, la constitution pastorale du Concile Vatican II, *Gaudium et Spes*, invitait les chrétiens, ainsi que tous les hommes et femmes de bonne volonté, à lire les « signes des temps » : la foi nous engage à la vigilance, au discernement de l'action de Dieu dans le monde et des combats à mener au service de la justice du Royaume. Je crois que la question écologique est le grand défi que nos générations doivent relever. Saurons-nous éviter la politique de l'autruche ou le scientisme positiviste inconscient, pour cultiver la lucidité courageuse et la détermination confiante dans les ressources humaines, techniques et spirituelles de l'humanité ?

Le diagnostic est largement partagé concernant la gravité des évolutions actuelles et l'effondrement possible de l'humanité. C'est sur les solutions que les avis divergent, pour des tas de bonnes et mauvaises raisons qu'il faut essayer de démêler. Je me centrerai sur le champ économique, et sur l'action des entreprises, en particulier des multinationales. Mon propos est construit en deux temps. Premièrement, la doxa économique, et le discours éthique qui l'accompagne, est incompatible avec la prise en charge sérieuse des enjeux de la transition écologique. Il nous faut changer de paradigme. En second lieu, nous devons en particulier modifier nos représentations collectives de la vie bonne et des moyens de l'atteindre, et pouvons puiser dans les ressources spirituelles de nos traditions religieuses et de nos pays.

Les responsabilités des acteurs économiques face à un modèle insoutenable

Le libéralisme s'est constitué sur les prémisses d'une planète aux ressources naturelles et énergétiques en quantité indéfinie et bon marché, destinées à assurer « le plus grand bonheur du plus grand nombre[10] », au plan matériel comme au plan moral. Nous savons aujourd'hui que nos ressources sont limitées, de plus en plus rares pour répondre aux besoins d'une population mondiale en expansion. Et nous savons aussi le caractère insoutenable du modèle de croissance que nous avons adopté vis-à-vis des émissions de gaz à effet de serre et de ses conséquences sur le climat et les écosystèmes. Gaël Giraud a montré, avec d'autres chercheurs, que l'augmentation du PIB par habitant dans les pays de l'OCDE dépend aux deux tiers de l'augmentation de la consommation énergétique.

---

10. Selon la formule de Jeremy Bentham (1748-1832), père de l'utilitarisme.

L'épuisement des énergies fossiles bon marché nous accule donc à envisager un nouveau modèle économique, fondé sur une très faible croissance et compatible avec les enjeux de la transition écologique.

Les entreprises ont dans ce cadre à assumer différentes responsabilités[11]. J'aime à distinguer la responsabilité économique et financière, liée aux choix d'investissement, au partage de la valeur créée et à la responsabilité fiscale ; la responsabilité sociale vis-à-vis des conditions de salaires et de travail des salariés et des sous-traitants ; la responsabilité sociétale et environnementale vis-à-vis de la minimisation et de la réparation des effets dommageables de l'activité, et de la contribution au développement territorial ; la responsabilité politique vis-à-vis de la gestion des biens communs mondiaux. Les entreprises ont une capacité d'action extraordinaire, qui doit être encadrée en vue de leur contribution au développement durable de nos sociétés.

Priorité au bien commun pour transformer les règles du jeu

Mais force est de reconnaître que les règles du jeu qui prévalent ne conduisent pas à la refondation nécessaire de nos appareils productifs et de nos choix de consommation. La transformation nécessaire passe par une prise de conscience que les entreprises ont des responsabilités politiques à assumer, de même que les gouvernements ont à reconnaître que leur action ne peut consister seulement à chercher le bien commun à l'échelle nationale. L'intellectuel jésuite Gaston Fessard réfléchissait, dans le contexte de la Seconde Guerre mondiale, à l'articulation entre le bien commun national et le bien commun international[12]. Dans

---

11. Cécile Renouard, *La Responsabilité éthique des multinationales*, PUF, 2007.

12. Gaston Fessard, *Autorité et bien commun*, Aubier-Montaigne, 1944 ; « Collaboration et Résistance au pouvoir du Prince Esclave », oct.-déc. 1942, *in* Frédéric Louzeau, *L'anthropologie sociale du Père Gaston Fessard*, PUF, 2009, pp. 651-801.

les deux cas, il distinguait le « bien commun inférieur », lié à la recherche de la sécurité et de l'existence paisible de la société, et le « bien commun supérieur » lié à la communion entre personnes, au service de valeurs partagées. Il invitait les citoyens à opérer un discernement entre les attitudes de prudence et de générosité à exercer au service de ce double bien commun, soulignant la nécessité, parfois, de renoncer temporairement à une action téméraire et risquée pour d'autres (par exemple, une action de résistance active mettant en danger une population entière), tout en soulignant la primauté de l'adhésion à un idéal et à des valeurs, pour éviter le basculement collectif dans l'inertie lâche. La grande différence avec l'époque de Fessard, c'est que l'arbitrage n'est pas entre une concession à un régime illégitime même s'il fut légalement élu (celui de Vichy) et la résistance contre l'oppression et le renoncement aux valeurs, entre la prudence au service du bien commun inférieur et la générosité au service du bien commun supérieur : aujourd'hui, le combat doit exister tout autant en faveur du bien inférieur que du bien supérieur. Il n'est même pas question d'être prudent pour sauvegarder l'existence d'un peuple, puisque c'est l'existence même de la vie humaine sur terre qui est menacée. Ne rien faire, c'est cautionner un modèle qui conduit à un effondrement planétaire. On voit ici le caractère extrême de la situation contemporaine.

Puiser dans nos ressources spirituelles personnelles et collectives

Dans ce cadre, pourquoi nos ressources spirituelles sont-elles essentielles ? Tout d'abord, me semble-t-il, parce que nous sommes tellement habitués à notre style de vie que nous ne pourrons changer qu'au prix d'une motivation forte. Il ne suffit pas de dire que des créateurs géniaux trouveront les moyens de remplacer les ressources naturelles par des innovations techniques ; il faut encore qu'ils prennent en compte une série de paramètres, qu'ils se coordonnent avec d'autres, qu'ils élargissent le champ de leur réflexion, à la mesure de l'extension de la responsabilité qui incombe à l'être humain entré dans ce que certains chercheurs désignent comme une nouvelle ère de l'histoire du monde, l'Anthropocène[13]. Cette attitude n'est pas évidente, elle est un combat contre ce qui nous déshumanise. C'est en ce sens que le discours social de l'Église parle des structures de péché.

Pour vouloir ce qui va contre notre intérêt immédiat, contre des habitudes de confort bien ancrées, nous avons besoin des autres, nous avons besoin d'un Autre, Celui que la tradition chrétienne appelle le Maître intérieur[14], Celui qui nous enseigne et nous inspire, qui nous fait grandir et nous invite à être avec plus de plénitude.

Comment susciter ces représentations collectives renouvelées d'une prospérité sans croissance[15], d'une sobriété heureuse[16], d'une abondance frugale[17], de ce que j'appelle une tempérance solidaire[18] ? Les moyens sont de différents ordres[19], j'en mentionne quelques-uns : les expériences d'ouverture à la nouveauté et à ce qui nous dérange, les immersions dans d'autres contextes et le dialogue avec d'autres points de vue, qui nous permettent de changer de lunettes, de déplacer notre regard ; les temps de retrait/retraite qui nous aident à lever le nez du guidon, à respirer, à accueillir la gratuité, la beauté, le don de la vie ; les efforts pour mailler nos engagements et pour créer du lien, à temps et à contretemps, pour faire du lien social, de la

---

13. Jacques Grinevald, « Le concept d'Anthropocène, son contexte historique et scientifique », *Antropia*, n° 12, printemps 2012, pp. 22-38.
14. Saint Augustin notamment.
15. Tim Jackson, *Prospérité sans croissance : la transition vers une économie durable*, De Boeck-Etopia, 2010.
16. Pierre Rabhi, *Vers la sobriété heureuse*, Actes Sud, 2013.
17. Jean-Baptiste de Foucauld, *L'abondance frugale. Pour une nouvelle solidarité*, Odile Jacob, 2010.
18. Cécile Renouard, « Économie relationnelle et tempérance solidaire », *in* André Vingt-Trois (dir.), *La solidarité. Une exigence et une espérance*, Parole et Silence, 2012, pp.31-42.
19. Cécile Renouard, *Éthique et entreprise*, Éditions de l'Atelier, 2013.

qualité des relations, la mesure de la fécondité de nos engagements professionnels ; l'action collective et politique pour transformer nos convictions et engagements personnels en nouvelles structures organisationnelles et institutionnelles.

Pour une écologie humaine, sociale et politique

Ainsi pouvons-nous développer une écologie tout à la fois humaine, sociale, politique et spirituelle : humaine parce qu'elle est au service de la dignité de chaque vie humaine, sociale parce qu'elle nous appelle au lien plus étroit et plus profond entre personnes humaines et avec la création tout entière, politique parce qu'elle concerne les structures institutionnelles du vivre ensemble, spirituelle car elle est inspirée par notre rapport à l'altérité, et, pour les chrétiens, par notre relation à Celui qui va au bout de la condition humaine pour la transfigurer en Lui, et nous donner une espérance fragile mais invincible.

La bienveillance dans la tradition juive

Claude Riveline

Un chapitre fondamental de l'éthique juive affirme que le monde repose sur trois piliers : la loi de Moïse, le culte, et la bienveillance (en hébreu : *guemilout h'assadim*, littéralement : offrande de grâces). Les deux premiers termes sont particuliers au peuple juif, encore que toutes les cultures disposent d'une version qui leur est propre, mais le troisième est parfaitement universel. De quoi s'agit-il ?

Bienveillance, amour, charité

Il convient de distinguer la bienveillance de l'amour et de la charité. La bienveillance consiste à manifester à tout visage humain l'estime qu'on lui porte. L'amour est une passion, certes louable, mais que l'on ne peut accorder qu'à des interlocuteurs privilégiés. La bienveillance, par contraste, est proche de la politesse, c'est-à-dire le fait de montrer que l'on tient compte de la personne de son interlocuteur, avec en plus l'idée que l'on souhaite son bonheur. Descartes a dit : « C'est proprement n'être rien que de n'être utile à personne. » Dispenser de la bienveillance à autrui, c'est lui faire sentir que l'on est heureux qu'il existe, et que d'une certaine manière on a besoin de lui. L'abbé Pierre avait une façon merveilleuse de pratiquer cette vertu ; quand un malheureux sollicitait son aumône, il lui disait : je ne peux rien pour toi, mais j'ai besoin de toi ; car tu as un métier, et c'est ce qui nous manque dans tel ou tel de nos centres.

Quant à la charité, autre vertu digne d'éloge, cela évoque un don, monétaire ou matériel, accordé à quelqu'un dans le besoin. La tradition juive souligne en quoi la bienveillance est supérieure à la charité : la charité comporte un transfert de propriété, la bienveillance peut se manifester par un geste d'estime, comme celui de l'abbé Pierre, ou simplement par une parole réconfortante, voire par un simple sourire. La charité va du riche au pauvre, alors que la bienveillance peut aller dans l'autre sens, par exemple par une façon agréable de remercier le riche de son geste. La charité ne peut s'exercer qu'entre vivants, alors qu'il est possible de dispenser de la bienveillance aux disparus, notamment en les accompagnant à leur dernière demeure.

Le mal du siècle : la solitude

Le manque de bienveillance est probablement la plus grande cause de souffrance de notre époque, en tout cas dans les pays développés, à l'abri des formes les plus cruelles de la misère matérielle. Les chômeurs, en particulier, doivent leur condition souvent tragique, non pas à la diminution, certes non négligeable, de leurs revenus, mais au fait que du jour au lendemain ils n'ont plus où aller chaque jour, que presque plus personne ne les appelle par leur nom. Tout se passe comme si l'on n'avait plus besoin d'eux.

Sur la pauvreté proprement dite, il est intéressant d'observer que le revenu par tête, en France, est aujourd'hui en francs constants le cinquième de ce qu'il était en 1960. Or, lorsque l'on se reporte aux sentiments des Français de cette époque-là, on découvre que non seulement ils se plaignaient beaucoup moins qu'aujourd'hui, mais qu'ils étaient convaincus que leur sort allait rapidement s'améliorer encore. De nos jours, par contraste, une majorité de Français sont convaincus que cela va de plus en plus mal pour eux. Nous avons même inventé ce sujet improbable, le riche malheureux, par exemple le cadre supérieur inquiet pour l'avenir de son entreprise et pour sa propre situation, ce dont les suicides dont les médias se font l'écho témoignent tragiquement.

Le fléau le plus répandu est donc la solitude : « Les hommes naissent et demeurent libres et égaux en droit [...] », proclame la Déclaration des droits de l'homme et du citoyen de 1789. Mais dans une famille, remède exemplaire à la solitude, on n'est ni libres ni égaux en droits. On ne trouve pas de trace de bienveillance dans cette déclaration : chacun est libre d'être seul, malade, chômeur, infirme, vieux, et rien n'oblige, dans ce texte par ailleurs magnifique, à lui venir en aide.

La bienveillance aux temps messianiques

La position traditionnelle juive sur ce thème est bien résumée dans la Bible, éclairée par les commentateurs traditionnels. Deux versets du *Deutéronome*, issus du même chapitre XV, paraissent se contredire. Le premier (v. 4) énonce : « En ce temps-là (entendez les temps messianiques) il n'y aura plus de pauvres. » Mais, quelques lignes plus loin (v. 11), il est dit : « Le pauvre ne disparaîtra pas de la terre. » Le professeur Emmanuel Levinas expliquait cette contradiction de la manière suivante : en ce temps-là, en effet, la question économique ne se posera plus. Mais la réussite de l'aventure humaine se caractérisera par le fait que chacun considérera tous les autres comme des pauvres, pauvres en estime, pauvres en bienveillance, car dans ces domaines le besoin est sans limite.

La même idée est répétée dans le rituel des prières quotidiennes juives, où on trouve l'affirmation suivante : « La bienveillance fait partie des obligations religieuses qui n'ont pas de limite : si peu qu'on en ait dispensé, c'est méritoire, mais, quelle que soit l'étendue de cette pratique, on n'est jamais certain d'en être quitte. » On voit le contraste avec les entités qui relèvent de l'économie : ces dernières sont caractérisées par le fait qu'elles sont toujours quantifiées en termes monétaires. La bienveillance, elle, ne se mesure pas.

La position de l'économiste Keynes

John Maynard Keynes (1883-1946), considéré généralement comme le plus grand économiste du XXe siècle, a écrit : « L'auteur de ces essais continue d'espérer et de croire que le jour n'est pas éloigné où le problème économique sera refoulé à la place qui lui revient : à l'arrière-plan ; et que le champ de bataille de nos cœurs et de nos têtes sera occupé, ou plutôt réoccupé par nos véritables problèmes, ceux de la vie et des relations entre les hommes, ceux des créations de l'esprit, ceux du comportement et de la religion[20]. »

Ainsi, un des esprits les plus brillants des temps modernes et une sagesse plurimillénaire convergent vers la conclusion que ce n'est pas de l'économie qu'il faut attendre le salut.

20. *Essais sur la monnaie et l'économie*, 1930.

Coexistence active et éthique universelle

Thibaut Tekla

Pour ma part, mon intervention consistera à mettre en lumière l'importance de la coexistence active non seulement pour sa capacité à contribuer au « vivre ensemble », mais aussi pour l'éthique universelle dont elle est porteuse.

Je dois néanmoins reconnaître que, durant une grande partie de ma vie, les questions religieuses m'étaient presque totalement étrangères, étant issu d'une famille non croyante. C'est le choc de l'altérité, de la rencontre avec le croyant musulman, fermement ancré dans sa foi et sa pratique, qui m'a amené à m'interroger sur moi-même.

Finalement, c'est après avoir étudié les différentes traditions religieuses que j'ai été touché par la Grâce et la force de l'Évangile de Jésus-Christ, m'amenant à demander le baptême et à m'engager dans la foi catholique.

C'est au même moment que j'ai rejoint l'association Coexister, le mouvement interreligieux et interconvictionnel des jeunes fondé par Samuel Grzybowski. Ce mouvement vise à promouvoir la coexistence active comme modèle de « vivre ensemble ». Nous croyons que le choc des civilisations, le choc de l'assimilation et le choc des ignorances peuvent être surmontés par un modèle où les différences ne posent plus de problème mais sont au contraire une force permettant une émulation réciproque. Pour cela, nous déclinons notre mode opératoire par le dialogue (moment de rencontre), la solidarité (actions solidaires telles que des maraudes ou des dons du sang) et la sensibilisation (le témoignage dans des écoles ou divers milieux).

Le collège des Bernardins m'a confié quelques années plus tard la coordination de la formation *Agapan.fr*, un cursus *e-learning* de formation à la culture éthique et religieuse visant à présenter les traditions religieuses et convictionnelles dans leurs dimensions historiques, anthropologiques et éthiques. Dans ce but, sous l'égide des différents responsables de cultes français, nous faisons appel à des intervenants spécialistes dans leurs domaines, dont Tarik Bengarai ici présent. C'est toujours porté par cet idéal de promouvoir la coexistence active que j'ai accepté cette tâche.

Cela étant posé, comment la coexistence active, modèle de « vivre ensemble » alternatif au choc des civilisations, au choc des ignorances et au choc de l'assimilation, modèle où la différence devient une force et non une difficulté, peut-elle influer sur l'éthique ?

Deux écueils sont à éviter.

D'une part, des universalistes tels que John Rawls défendent une vision universaliste visant à considérer que les normes morales peuvent trouver leur fondement par la raison. Pour lui, par un processus de discussion, nous pourrions aboutir à une forme de consensus. La détermination de ces principes devrait donc être indépendante de toutes les traditions religieuses ou convictionnelles. On dégagerait alors une vision commune fondée sur une idolâtrie de la modernité. Cependant, on peut y voir ici, dans cette idée, une vision finalement abstraite.

D'autre part, face à cela, MacIntyre et les penseurs communautariens considèrent qu'il ne faut plus chercher à aménager la modernité mais au contraire remettre en cause sa rationalité précisément en ce qu'elle est jugée trop abstraite, individualiste et détachée de l'Histoire. Pour les communautariens, les concepts moraux n'ont donc aucun sens en dehors d'une communauté religieuse. Les communautariens prônent donc la reconnaissance de la diversité culturelle et la prise en compte des différents cadres de référence. De manière négative, on pourrait dire que, dans ce modèle, on se met en retrait du monde au sein d'une communauté contre-culturelle, on se réfugie sur l'arche de Noé, tandis que, tout autour de nous, le déluge s'abat sur ce « monde en perdition ».

Pour montrer l'insuffisance de ces deux approches, le paradoxe de la philosophe Simone Weil consiste à rappeler que toute aspiration à l'universel est nécessairement particulière. Autrement dit, c'est parce que je suis chrétien, bouddhiste, juif, musulman, hindou ou « libre-penseur », partant de ma propre particularité, que je vais m'ouvrir à l'universel ! La coexistence active implique ainsi de proposer une alternative entre l'universalisme abstrait et le communautarisme, puisqu'il ne s'agit plus de nier les différences, mais de progresser grâce à elles.

Il ne faut pas envisager un universalisme relativiste épuré de toute référence aux traditions religieuses et convictionnelles, qui rejoindrait le modèle du choc de l'assimilation. Il ne faut pas envisager non plus une juxtaposition fermée de communautés où chacun serait reclus dans son particularisme, ce qui serait profondément antirépublicain.

Au contraire, il faut, à cette prise en compte du paradoxe de Simone Weil, opter pour une démocratie du dialogue entre les communautés, entre les traditions religieuses et convictionnelles au sein de la société civile. Une société, qui ne nie pas la réalité des différences, qui prône tant le réenracinement que l'ouverture. Rencontrer l'autre permet de se découvrir soi-même pour mieux rencontrer l'autre... Par cette mise en abyme, l'interreligieux permettra l'intrareligieux et l'intrareligieux permettra de faire émerger une mystique du cœur, de laquelle se dégagera un noyau éthique universel.

La coexistence active comme modèle de « vivre ensemble » permet ainsi de lutter contre les écueils du communautarisme et du syncrétisme, en réconciliant le particulier et l'universel. Ma conviction est qu'il résultera de cela la recherche d'une éthique universelle et personnaliste renvoyant dos à dos les modèles communautaristes et individualisme, où l'être humain s'accomplira par sa relation avec son prochain.

Comme dit Gorbatchev, « la coexistence de l'humanité est devenue la condition même de l'existence de l'humanité ».

Générer un profond changement capable de réorienter la société

Laurent Vincenti

JE PRATIQUE le bouddhisme de Nichiren Daishonin au sein du mouvement Soka, je consacre une partie de mon temps à dialoguer avec des gens et à les encourager.

Mon métier de consultant et designer consiste à travailler sur le positionnement des grandes entreprises, puis à définir l'identité de leur marque. J'analyse l'entreprise comme un être humain, à la fois par rapport à son métier, mais aussi dans ce qu'elle propose comme valeurs, comme vision. J'ai conçu de cette manière plus de deux cents marques, comme celles de BNP Paribas, Total, Solvay, Air France ou le mondial de foot 98. J'ai pu assister en trente ans à un virage dans l'esprit des entreprises, qui m'a permis de comprendre combien l'économie avait modifié la mécanique mondiale et l'espoir d'une civilisation.

Voici les quelques conclusions auxquelles je suis arrivé au terme de ces années passées au cœur du monde des grandes marques, avec l'éclairage que m'a apporté la pratique du bouddhisme.

On devient ce que l'on vénère

Un des principes du bouddhisme explique que l'objet de nos croyances détermine le cours de notre vie. Les entreprises fonctionnent de la même façon : aujourd'hui l'« objet de culte » de notre économie est le profit, la croyance dans le fait qu'amasser de l'argent équivaut au bonheur. Donc toute la mécanique économique mondiale s'est organisée autour de cette croyance.

Cette croyance est d'ailleurs si fervente qu'elle s'est transformée en vérité immuable. Penser autrement devient une hérésie, ou contraire au bon sens.

Dans la mesure où l'argent se dissocie des activités et devient un objet de spéculation en soi, une avidité débridée apparaît, car la quête d'argent génère sans cesse de nouveaux désirs.

Le bouddhisme ne rejette ni l'argent ni la concurrence, mais enseigne que ce ne sont que des moyens, et que d'en faire des buts en soi est une illusion qui mène l'humain et la planète dans une impasse.

Quels sont donc les effets de ce culte de l'argent ?

L'entreprise en temps réel

Les grandes entreprises se retrouvent devant le devoir de faire croître rapidement les investissements de leurs actionnaires. Beaucoup de grands patrons sont d'ailleurs missionnés précisément pour cela. C'est le jeu de l'entreprise cotée. Dans cette situation, l'objectif premier de l'entreprise devient la progression de ses gains immédiats, au détriment de son métier de base. Cette vision à court terme est contraire aux principes du bouddhisme, qui envisage la vie en interdépendance constante avec tous les phénomènes. Le fait de générer des profits pour enrichir rapidement une partie de la population, sans considération pour les autres ou les générations futures, est en complète contradiction avec notre vision du monde.

La perte de sens dans l'entreprise

Le bouddhisme parle du karma, mais cela s'applique également aux groupes humains, aux pays par exemple. Je pense pour ma part qu'il y a un karma de l'entreprise. Une tendance profonde inscrite dans ses gènes, qui est moteur de sa culture.

En travaillant avec des groupes d'assurances français, j'ai découvert que la plupart d'entre eux étaient nés de la solidarité humaine. Des paysans, pour supporter les aléas du mauvais temps, avaient mis en place ce système d'entraide. C'est de cette solidarité qu'est né le mutualisme.

« La terre a toujours raison » : un des premiers slogans d'une compagnie d'assurances française en dit long sur cet état d'esprit né du bon sens paysan.

Aujourd'hui, ces mêmes entreprises sont devenues des grands groupes, cotés pour certains, et ont subi les revers de la crise. Ce qui est intéressant et qui montre que les choses peuvent changer doucement, c'est que les multiples tests d'image de ces groupes d'assurances révèlent que leurs clients et leurs collaborateurs critiquent justement tout ce qui s'oppose aux valeurs d'origine de ces entreprises. Grâce à l'écoute des consommateurs, les dirigeants s'aperçoivent qu'il faut revenir à la source, l'esprit d'entraide et la solidarité, pour retrouver du sens et être en phase avec un monde qui change. Du sens, c'est avant tout ce que cherchent aujourd'hui les jeunes recrues issues de la génération Y dans une entreprise, avant même un bon salaire. Et, là encore, c'est en étant à l'écoute de leurs candidats que les entreprises ont commencé à se poser de nouvelles questions et qu'elles sont amenées à changer.

Par bonheur, la tendance actuelle dans la société est à un retour vers des valeurs humanistes.

Mon action auprès des entreprises est de les amener à entendre ce qu'attendent les gens et de revoir leur positionnement dans ce sens.

Ce principe d'implication individuelle est au cœur de nos convictions bouddhistes : que peut accomplir un individu face aux énormes institutions qui dirigent le monde ? À l'extrême opposé de ce sentiment d'impuissance, le Sûtra du Lotus explique qu'un instant de vie contient « 3000 possibilités ». Ce principe explique que la détermination intérieure d'un individu peut tout transformer.

Un monde dématérialisé

La dématérialisation générale de l'économie déclenche deux réactions : la perte du sens de la réalité et, par voie de conséquence, la déresponsabilisation.

Les guerres ont cette capacité à dématérialiser un peuple pour le transformer en « ennemi ». Ainsi, ce n'est plus l'être humain que l'on tue, mais le concept d'adversaire. Pour l'économie, il en va de même. L'entreprise devient une image symbolique que l'on achète ou que l'on jette comme un produit plus ou moins attractif. Un mot mal venu d'un PDG ou le sentiment négatif d'un analyste financier peuvent faire chuter la valorisation d'une entreprise. C'est ce que l'on appelle l'« économie émotionnelle ». Mais, comme à la guerre, au final, ce sont des gens qui en payent le prix. C'est ce qui s'est passé lors de la dernière crise économique.

Il est profondément injuste que les erreurs de quelques personnes fassent tomber des millions de familles dans la pauvreté, à cause de spéculations qui les dépassent complètement ! Le bouddhisme met au cœur de son enseignement le respect fondamental de la vie. À ce titre, je pense qu'il est indispensable qu'une échelle de valeurs guide l'activité économique. Ma conviction est que la mission des dirigeants devrait être de prendre en compte prioritairement la création de valeurs pour l'humain et la planète, tout en assurant la bonne vie des entreprises et du monde en général.

Le sens du bonheur

« Les trésors du corps sont plus précieux que les trésors du grenier, et les trésors du cœur sont les plus précieux de tous[21]. » Cette phrase est extraite d'une lettre d'encouragement du moine fondateur de notre bouddhisme, Nichiren Daishonin. Les trésors du grenier, à notre époque, représentent l'argent ; le corps signifie la santé ; le cœur, c'est ce que nous appelons l'« état de vie », c'est-à-dire notre sagesse, notre compassion et notre énergie de vie.

Tout part de la question suivante : qu'est-ce qui rend véritablement heureux l'être humain ? Notre pratique bouddhique fait naturellement apparaître en nous une aspiration profonde d'aider l'humanité à se diriger vers le bonheur. Cela représente alors notre plus grande joie.

---

21. « Les trois sortes de trésors », *Les Écrits de Nichiren*, Soka Gakkai, 2012, p. 858.

En suivant la voie du bouddhisme, nous changeons continuellement notre vie, et c'est ce qui nous rend heureux. Le bouddhisme appelle cela la révolution humaine. Nous pensons qu'un changement de l'économie ne peut passer que par une modification profonde de l'état d'esprit actuel de l'humanité, qui consiste à croire que c'est le profit qui fait grandir l'homme et le rend heureux.

Une vision active et optimiste peut changer le cours du temps

Le bouddhisme propose une vision optimiste des événements. Nous appelons cela l'humanisme combatif. L'essence de l'humanisme bouddhique réside dans le fait d'encourager les êtres humains à développer leurs capacités spirituelles sans limite. Le bouddhisme cultive une croyance inaltérable dans le potentiel des êtres humains. La foi en l'humanité est ainsi l'élément absolument central du bouddhisme.

Cette foi en l'être humain, source de confiance et de fierté, permet, comme le dit Bergson, « de se hisser au-dessus de soi-même ». À mesure que les dialogues se multiplient et se propagent, ils ont le pouvoir de générer un profond changement capable de réorienter la société. L'effet cumulé de tels efforts, en apparence modestes, est suffisant pour changer la direction du courant de fond de notre époque.

CHAPITRE IV

L'économie du bonheur

Michel Boucher et Bertrand Decoopman,
Jean-Claude Chauvigné, Étienne Hayem,
Omero Marongiu-Perria.

À Nantes,
Centre bouddhique Soka Atlantique

La dignité humaine et la justice dans le développement

Michel Boucher et Bertrand Decoopman

En avant-propos de l'intervention des représentants du CCFD-Terre solidaire, eut lieu la présentation du volet « Interculturalité » du film *Alter égaux*[1]. Cette vidéo a été réalisée à l'occasion d'une immersion de l'équipe de bénévoles du CCFD-Terre solidaire de Bretagne-Pays de la Loire en Indonésie. Ce séjour avait pour but de rencontrer six des associations partenaires indonésiennes soutenues par le CCFD-Terre solidaire. Deux thématiques sont au centre de ce reportage : la souveraineté alimentaire et l'interculturalité, et les témoignages des acteurs de terrain, qui cherchent à « croiser nos regards sur ce qui nous réunit au-delà de nos différences ».

Rappel du contexte en Indonésie

La devise de l'Indonésie : l'« Unité dans la diversité » traduit une grande diversité culturelle, confessionnelle, ethnique, religieuse, mais également la nécessité de présenter des identités singulières. La culture dayak par exemple, à Kalimantan, majoritairement chrétienne, se caractérise par son lien indissociable à la nature (mode de vie traditionnel, agroforesterie), mais se trouve fragilisée par la problématique de l'accaparement des terres (plantations de palmiers pour la production d'huile de palme, mines de bauxite tenues par des compagnies étrangères...), ainsi que par les conflits entre générations, notamment par la fracture

1. Le DVD *Alter égaux*, qui relate ce voyage et propose des animations, est disponible dans les délégations diocésaines du CCFD-Terre solidaire.

numérique. Dans ce contexte, l'Église catholique ainsi que les institutions de micro-crédit apparaissent comme des facteurs de cohésion et d'accès à l'éducation.

À Yogyakarta, le partenaire FPUB[2] s'attache à promouvoir le dialogue interreligieux comme solution à la montée des extrémismes et à l'instrumentalisation de la religion à des fins politiques, en s'appuyant sur un « faire ensemble » concret, incarné par la tradition du « Gotong Royong », système d'entraide intercommunautaire. C'est la responsabilité de l'individu qui est ainsi replacée au cœur de toute transformation sociale.

« Paroles d'immergés » : quelques impressions recueillies sur le vif au cours de ce voyage en Indonésie, extraites de cette vidéo

Philippe Marchand (directeur retraité Ifremer Bretagne)

« Concernant le fond du voyage lui-même, nous avons eu la chance de visiter une bonne demi-douzaine de villages, tous très différents les uns des autres, avec des paysans en lutte revendiquant de la terre auprès de l'État, des luttes qui ne sont pas terminées. Ces gens qui luttent avec beaucoup de courage sont soutenus par des associations qui accordent une très haute importance à la dignité humaine. Dignité, justice et surtout solidarité. Les plus beaux exemples on les a vus ici, lors d'opérations de reconstruction, où, sans aides gouvernementales, des gens ont construit des ponts, ont refait des toitures de bâtiments (y compris d'ailleurs la toiture d'un temple), et tout cela avec beaucoup d'efficacité, et les bras de chacun. »

Michel Boucher (retraité des PTT)

« Extraordinaire, parce que c'est totalement différent de chez nous, parce qu'on rencontre des gens qui sont convaincus de faire un boulot important, mais dont ils ne se rendent pas forcément compte des conséquences

2. Forum Persaudaraan Umat Beriman.

bénéfiques qu'il produit. Le fait qu'on vienne les voir les conforte dans leur conscience de la valeur de ce qu'ils sont en train de faire. Et puis cela fait plaisir de voir que, dans la barque humaine, nous les Européens ramons aussi et que, avec ce qui se passe ici, on rame dans le même sens. »

Françoise Conq (retraitée de l'enseignement)

« Aujourd'hui, j'ai beaucoup apprécié la discussion que nous avons eue avec les paysans du village. Cela a été un échange, et pas simplement une attente d'explications de leur part, vraiment un échange. Nous, nous questionnant, et eux se questionnant aussi. J'ai trouvé cela merveilleux. »

Alix Marchand (retraitée mère au foyer)

« J'ai été impressionnée par ceux qui doivent se battre pour cultiver leur terre, pour récupérer des terres. Ils m'ont vraiment impressionnée par leur détermination et par le chemin qu'ils ont parcouru. Ils se sont rendu compte qu'il fallait qu'ils agissent à plusieurs, qu'ils demandent à d'autres comment ils avaient fait. Et que, de ce combat, ils en sortent plus déterminés que jamais, et surtout qu'ils en sortent avec le sentiment qu'ils sont capables. Cela, ils nous l'ont dit : leur fierté d'avoir réussi, d'avoir prouvé qu'ils étaient capables d'arriver à quelque chose, de mener des projets à terme, de récupérer leurs terres et de les cultiver. Et, surtout, d'avoir des résultats peut-être même supérieurs à ceux qu'avaient les compagnies [étrangères]. »

Lors de la rencontre, Michel Boucher et Bertrand Decoopman, bénévoles du CCFD-Terre solidaire, sont intervenus en s'appuyant sur cette expérience

Michel Boucher

Que vient faire le CCFD-Terre solidaire dans une rencontre sur l'économie du bonheur ?

Le CCFD-Terre solidaire est une Organisation non gouvernementale (ONG) fondée il y a plus de cinquante ans et qui œuvre dans soixante pays sur les projets ou initiatives de quatre cent cinquante partenaires. Notre association intervient pour combattre la faim et doit donc pour cela promouvoir le développement de l'être humain. Sur le plan économique, pour manger, se nourrir, se vêtir, avoir des revenus ; sur le plan culturel ou social, pour s'éduquer, se scolariser, se prendre en charge ; et surtout, sur le plan humain, pour la dignité de l'être humain, la défense de ses droits, ses droits syndicaux par exemple, mais aussi pour la défense de sa culture et de sa religion.

Les partenaires en lien avec le CCFD-Terre solidaire sont de toutes confessions : chrétiens, mais aussi musulmans, juifs, bouddhistes. L'Indonésie en offre un bon exemple, puisque c'est le plus grand pays musulman du monde.

Il s'agit, en résumé, de promouvoir la dignité de « tout être humain et de tous les êtres humains », comme disait Paul VI. Dans la justice, la paix et le respect du droit de chacun.

Notre mode de fonctionnement est le partenariat, afin que les droits et la justice progressent.

Pour illustrer cette vision du développement, nous pouvons nous appuyer sur l'exemple d'un voyage de bénévoles de Bretagne et des Pays de la Loire en Indonésie. En particulier avec deux partenaires, les Dayaks sur l'île de Bornéo (l'institut de Dayakologie au Kalimantan), et le FPUB, créé en 1997, qui milite pour l'éducation à la paix et pour la prévention des violences religieuses dans la province de Yogyakarta. Ce collectif regroupe des représentants de douze religions et spiritualités : musulmans, protestants, catholiques, bouddhistes, confucianistes, hindouistes, spiritualité javanaise..., et s'attache à lutter contre la violence, en créant des espaces de débats et de dialogues entre les différents courants religieux, pour une meilleure coexistence. C'est un exemple de travail interreligieux destiné à prévenir les conflits entre communautés dans l'île de Java.

Bertrand Decoopman

L'économie du bonheur ? Derrière le mot bonheur, je mets le mot harmonie avec ce qu'il y a autour de moi. La préoccupation du CCFD est de permettre à l'être humain d'être ancré dans sa terre, au sens multiple du mot terre.

La terre nourricière, par des actions telles que l'éducation à la fabrication de compost pour que les plantes s'autoalimentent. Par la mise en place de la culture alternée, de la culture organique, de la permaculture, afin de s'extraire du modèle chimique traditionnel mondialisé. Mais aussi par la sensibilisation à l'importance de l'autonomie en ce qui concerne les semences et les engrais, dans le but de donner de l'énergie et de l'humanité aux territoires et de développer une économie circulaire par la transformation et la commercialisation locale des productions agricoles au service d'une alimentation saine.

La terre, comme racine d'une communauté de vie, en travaillant à maintenir vivants tous les liens sociaux. Chez les Dayaks, par exemple, il s'agit de favoriser les liens économiques locaux de ce peuple de la forêt qui a à la fois une tradition de cueillette et une culture traditionnelle de rente, comme celle de l'hévéa, qui représente une grande partie de l'économie dayak. Sur cette base économique, grâce au micro-crédit, de nombreuses autres économies ont pu se développer. Comme des cultures locales de fruits et de légumes.

Face au modèle agricole dominant inculqué par l'école, l'essentiel est de maintenir et de transmettre ce mode de vie et cette connaissance des plantes, indissociables de la forêt : c'est l'objectif de l'institut de Dayakologie.

L'île de Java est grande comme un tiers de la France, avec 150 millions d'habitants. L'accès à la terre est un problème sur cette île, où de nombreux groupes luttent depuis la fin de la colonisation et de la dictature pour conserver ou récupérer des terres dont ils ont été expropriés. Cette lutte soude les populations et leur donne une raison de vivre, car, perdre sa terre, c'est perdre son travail. Perdre sa terre, c'est perdre sa culture, et la perte de sa culture entraîne la déstructuration de la société : ce sont la violence, l'alcoolisme, la prostitution qui se développent alors. Chaque société a besoin de sa culture « culturelle », mais aussi de la culture de production pour vivre.

Cette immersion fut donc une formidable source d'inspiration. Chez nous, le lien entre la culture et l'activité économique est aussi une réalité et une lutte nécessaire. Le logo « Produit en Bretagne » permet de soutenir une activité économique, des produits et des emplois locaux. La recherche de semences paysannes, d'engrais produits au sein de l'exploitation agricole et la distribution de produits frais locaux au sein de circuits courts sont des sources de développement. Le développement économique et humain repose aussi sur le fait d'être fier de sa langue et de sa culture, de pouvoir l'enseigner à nos enfants, de leur offrir un modèle alternatif à la culture de masse, et, sur la base de la reconnaissance de nos richesses culturelles, soutenir la prospérité économique de notre environnement proche et notre propre développement en tant qu'êtres humains.

Michel Boucher

Une citation d'un des personnages de la vidéo est : « L'important n'est pas la religion que l'on pratique, mais ce que signifie être religieux. »

Notre motivation de départ est notre foi catholique : le CCFD-Terre solidaire est la mise en œuvre du « aimez-vous les uns les autres » que l'on trouve au cœur de l'Évangile. Dire « aimez-vous les uns les autres » ne fait pas avancer grand-chose. L'association a ajouté « Terre solidaire » à son nom il y a peu de temps, pour situer son terrain d'action, qui est international.

Quand on est en France, on n'est pas concerné par l'aide que peut apporter le CCFD-Terre solidaire. La principale activité du CCFD-Terre solidaire en France concerne l'éducation au développement. Lorsque l'on agit ici, cela a des conséquences chez nos partenaires.

Quand nous avons fait la campagne « l'Europe plume l'Afrique », c'est à la demande des partenaires camerounais, qui nous ont dit : « On ne peut plus vendre nos poulets, puisque vous nous envoyez par bateau les restes congelés de poulets français et européens. »

On a fait comme cela beaucoup de campagnes à la demande de nos partenaires. On agit ici pour que les causes de la pauvreté et du mal-développement changent.

Nous ne sommes pas dans le caritatif, mais dans le développement. Il faut donc agir sur les causes, et prendre conscience ici des problèmes que notre développement pose ailleurs.

L'autre mission ici est de collecter des fonds. Soutenir les initiatives de quatre cent cinquante partenaires par an demande des fonds, et le CCFD-Terre solidaire participe à leur financement. Ainsi nous représentons 10 % du budget de l'institut de Dayakologie.

Sur l'objectif de l'économie du bonheur, nous pouvons avancer quelques éléments. L'économie est source de questionnement ; la croissance ne reviendra sans doute pas ou restera faible. On fait quoi ? Quel nouveau modèle ? La « coopération plutôt que la compétition » peut être une réponse dans notre société en mutation.

Les nouveaux rapports humains, la convivialité, l'interreligieux, se changer soi-même, être responsables et cohérents dans nos choix, ce sont peut-être des pistes. Ce sont des actions et des projets de personnes ou de petits groupes de personnes qui, même s'ils n'emportaient pas l'adhésion de beaucoup au départ, finissent par porter leurs fruits. Cela a été, par exemple, le cas du commerce équitable : quelqu'un a pensé un jour qu'il devait être possible de commercer autrement pour que le petit producteur vive mieux de sa production. On trouve maintenant des produits du commerce équitable dans toutes les grandes surfaces. Cela n'est sans doute pas la panacée, mais c'est une manière de changer les rapports économiques et de se changer soi-même, car le consommateur a maintenant le choix de privilégier tel ou tel produit.

Peut-être pouvons-nous évoquer les moyens d'une économie du bonheur ? L'économie sociale et solidaire est un moyen. Ainsi le CCFD-Terre solidaire a créé dans les années quatre-vingt le premier fonds commun de placement solidaire, dont les intérêts ou dividendes sont utilisés pour soutenir les projets des partenaires, en particulier avec la SIDI (Solidarité internationale pour le développement et l'investissement), filiale du CCFD-Terre solidaire.

L'agriculture familiale et vivrière peut aussi être un moyen pour participer à l'économie du bonheur. Loin du modèle intensif, le CCFD-Terre solidaire promeut cette agriculture pour nourrir la planète, tout en conservant la biodiversité et des sols fertiles.

Faire progresser l'être humain, la dignité humaine et la justice dans le développement ou le développement dans la justice, voilà qui nous semble une partie de l'économie du bonheur.

Le bonheur, pour moi, c'est faire ce que j'ai à faire à ma place ; c'est l'histoire du colibri, une légende amérindienne, racontée par Pierre Rabhi : « Un jour, dit la légende, il y eut un immense incendie de forêt. Tous les animaux terrifiés, atterrés, observaient impuissants le désastre. Seul le petit colibri s'activait, allant chercher quelques gouttes avec son bec pour les jeter sur le feu. Après un moment, le tatou, agacé par cette agitation dérisoire, lui dit : "Colibri ! Tu n'es pas fou ? Ce n'est pas avec ces gouttes d'eau que tu vas éteindre le feu !" Et le colibri lui répondit : "Je le sais, mais je fais ma part." »

Il me paraît important que tous, là où nous sommes, on fasse notre part. Le bonheur, pour moi, c'est vivre tranquillement ma vie tout en faisant ce qu'il y a à faire pour que tous vivent mieux.

Changer notre conception du monde

Jean-Claude Chauvigné

Qu'est-ce que l'économie

Le Robert nous donne plusieurs définitions, dont « Art de bien administrer une maison, de gérer les biens d'un particulier (économie privée, domestique) ou de l'État (économie publique, politique) ».

Pour *Wikipédia,* l'économie (du grec ancien *oikonomía* : « administration d'un foyer ») est une activité humaine qui consiste en la production, la distribution, l'échange et la consommation de biens et de services.

Il est intéressant de noter que l'économie est définie dans le *Robert* comme un art, c'est-à-dire qu'elle fait appel à notre créativité et recherche la bonne administration. On voit que pour préciser de quoi l'on parle le terme « économie » est souvent accolé d'un qualificatif, « privée », « domestique », « publique », « politique », « libérale », « sociale »... L'économie peut s'exercer dans différents secteurs et pour des finalités ou représentations du monde différentes.

Notre sujet aujourd'hui est l'« économie du bonheur » ce qui accole deux mots que l'on n'a pas l'habitude de voir ensemble et donne comme finalité, le bonheur, à l'action économique. De manière irrationnelle, ces deux termes ne me semblaient pas faits pour aller ensemble. C'est la malice du bouddhisme, qui est l'un des objets de notre pratique quotidienne, de prendre de la distance avec notre idée du monde et d'en changer la représentation. La théorie du « Rien que pensée »[3] (Vasubandhu III-IVe siècle) explique

3. Cela fait penser au prologue de l'Évangile de Jean « Au commencement était le verbe... »

que notre monde est construit par nos pensées même si celles-ci sont par nature « ni existantes, ni non existantes ». Il suffirait donc de changer notre manière de voir le monde pour le changer. *Ichinen sanzen*, une pensée égale trois mille mondes (ou trois mille possibilités de vie en un instant), est le cœur de la théorie bouddhique contenue dans le Sûtra du Lotus. Nichiren énonce que « la vie à chaque instant imprègne tous les phénomènes, et s'y manifeste ».

Je vais donc vous faire naviguer dans l'univers des changements de représentation.

Représentation du développement durable

Examinons, à partir de cette idée que l'« économie est une activité humaine », la représentation traditionnelle du « développement durable ». Vous connaissez tous ce schéma ?

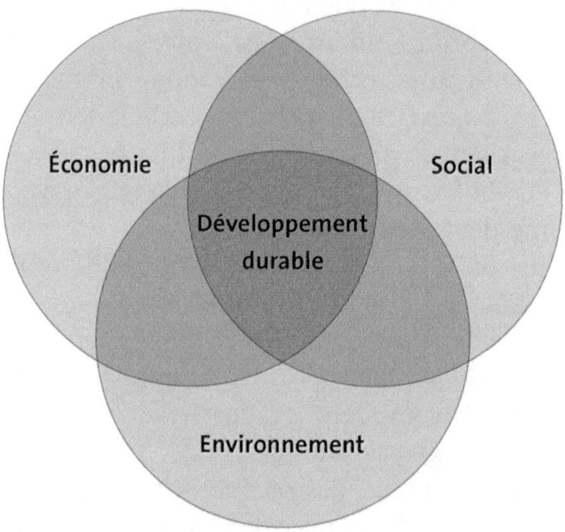

Une part belle faite à l'économie.

Et maintenant celui-ci ?

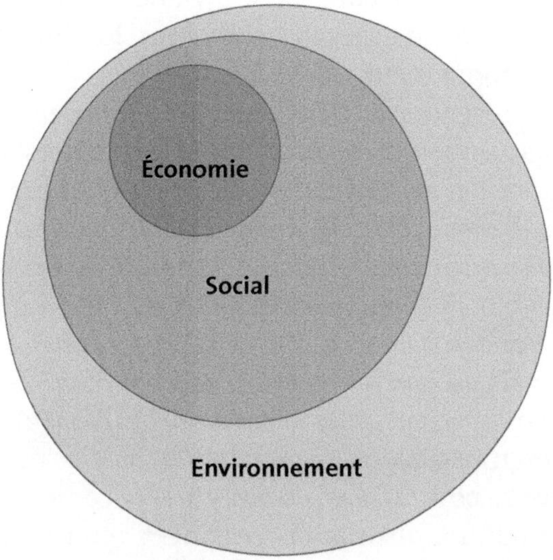

Ici les choses sont remises dans le bon ordre ; on a un écosystème, la Terre et le système solaire, qui nous fournit tout ce dont nous avons besoin pour vivre, grâce au Soleil (énergie), à la terre qui nous nourrit et de laquelle on extrait les matières premières qu'utilise astucieusement l'être humain, l'air que nous respirons (mal en période de pic d'ozone ou de particules fines) et l'eau dont nous sommes composés à 80 %. Cet écosystème a produit des êtres vivants qui ont formé des sociétés. Celles des êtres humains sont diverses et complexes et elles ont créé pour vivre, à partir de leurs organisations sociales et grâce à leur environnement, des produits, qu'elles distribuent, échangent, consomment sous forme de biens ou de services. C'est ce qu'on appelle l'économie.

Là aussi changement de perspective et de représentation, l'économie n'est plus au centre, mais remise à sa juste place. Ainsi cela nous permet de répondre sur ce qui est important et constitue les véritables richesses. Il s'agit de notre environnement, qui permet la vie, air, eau, terre nourricière, et de la société humaine avec la multitude de ses interactions, qui nous permettent éducation culture santé... Le bouddhisme, et le concept de symbiose, traduit parfaitement l'interdépendance qui existe entre les êtres humains et leur environnement.

Si nous revenons à ce concept de richesse, nous voyons, dans son acception commune, que la richesse est évaluée à l'importance des possessions matérielles ou à leurs traductions monétaires ; combien tu gagnes, combien tu possèdes. Cette représentation dominante se traduit pour beaucoup comme l'objectif de vie principal et comme le moyen d'accéder au bonheur ; choix d'une carrière non liée à son utilité sociale, mais au pouvoir monétaire escompté. L'économie traduit parfaitement cette obsession de l'argent, puisque 98 % des transactions monétaires sont des transactions spéculatives, pour 2 % réalisées au service de l'économie réelle (produire, distribuer, échanger, consommer). Le bouddhisme explique que les hommes de notre époque sont dominés par les trois poisons de l'avidité, l'orgueil et l'ignorance. L'objet de culte qu'est devenu l'argent[4] est le

---

4. « L'argent comporte également plusieurs contradictions dont en voici une importante : l'argent n'est au début qu'un moyen d'échange de marchandises. Mais, dans le système capitaliste, il va devenir le but du capitaliste.
L'homme a une dépendance vis-à-vis de l'argent. L'homme ne peut rien, par contre l'argent peut tout : il est le pouvoir, il est l'équivalent des marchandises. L'homme a donc inventé une abstraction qu'il vénère et qui le surpasse.
L'argent a également un effet sur la moralité des hommes. Comme on peut échanger toute marchandise contre toute autre (dont le travail humain, c'est-à-dire l'homme), la forme ultime du capitalisme est la prostitution généralisée de l'homme. »
Chez Marx, « la monnaie permet de tromper le salarié. L'esclave est payé par les subsistances vitales que lui procure son maître, tandis que le salarié croit obtenir un salaire monétaire qui lui offre une liberté de choix dans sa consommation. Mais cette liberté n'est qu'une illusion qui vient tromper le salarié sur sa situation réelle : en fait son salaire monétaire ne lui permet que d'acheter le minimum vital que le maître procurait directement à l'esclave. Cette illusion est l'apport essentiel de la monnaie dans les rapports sociaux du système de production capitaliste ».

produit de notre avidité. Notre orgueil se traduit par l'arrogance de l'être humain qui se place au-dessus des autres créatures vivantes et de la nature, ce qui permet l'exploitation sans merci de l'environnement et la cruauté dont fait preuve l'espèce humaine vis-à-vis des autres créatures sensibles ; holocauste et système concentrationnaire de l'élevage animal. Notre ignorance nous aveugle sur la destruction de notre écosystème qui nous maintient en vie, comme celui qui scierait la branche sur lequel il est assis.

Changeons notre regard sur la monnaie

Pour illustrer mon propos, j'utilise l'apologue de « La Dame de Condé ». « Nous sommes à Condé-sur-Gartempe. Son hôtel de la Gare est réputé pour ses ortolans et pour sa discrétion ! Un vendredi après-midi débarque une jeune femme. Elle cherche une amie et, comme elle est incertaine de la trouver, elle réserve une chambre pour la nuit et laisse en acompte un billet de 100 €, tout neuf. Puis, elle s'en va. Le pâtissier qui a vu la scène dit au patron: « Ça fait six semaines que vous me devez 100 € pour la pièce montée que j'ai livrée à l'occasion de la communion de votre fille. » Le patron lui donne le billet de bonne grâce.

Comme cette scène a été vue par d'autres, elle se reproduisit cinq nouvelles fois car le pâtissier devait aussi 100 € au minotier..., qui en devait autant au garagiste..., lui-même débiteur de cette somme au boucher..., qui avait à régler 100 € au représentant de la maison Elida..., lequel devait à son tour acquitter sa chambre à l'hôtel de la Gare pour 100 €.

Au moment où le représentant donne le billet au patron de l'hôtel, notre dame revient et annonce qu'elle a trouvé son amie et annule sa réservation. L'hôtelier lui rend donc son billet qu'elle brûle aussitôt. « Il était faux », dit-elle en souriant[5]. »

Cet apologue nous permet de comprendre la fonction de la monnaie papier également appelée monnaie fiduciaire.

5. http://fr.ekopedia.org/La_Dame_de_Condé

Ce terme vient du latin *fiducia* et signifie confiance. Ainsi la monnaie est une institution sociale qui repose sur la confiance, celle que ce bout de papier nous permettra d'acheter et de vendre des produits et services. Le faux billet a permis de réaliser 600 € de richesse (PIB), à tous les acteurs de régler leur dette. L'origine de ces dettes était la création de richesses réalisée par chacun, liée à son savoir-faire (de boulanger, de garagiste...). La monnaie est donc un moyen permettant les échanges et les liens entre personnes, qui créent des richesses, et de les faire circuler.

Une aventure humaine

Mon engagement sur les trois dernières années de ma vie m'a conduit à abandonner mon travail de directeur de structure socioculturelle, travail que j'ai exercé pendant trente ans avec beaucoup d'intérêt. Je me suis interrogé, après mes 50 ans et en conscience de la finitude de ma vie, sur l'action qui à mes yeux pourrait avoir le plus d'utilité sociale au regard de mes compétences limitées. J'ai donc créé, avec un groupe d'habitants de mon lieu de vie, le Retz'L, une monnaie citoyenne sur le Pays de Retz. Ce projet de réappropriation citoyenne de la monnaie donne du sens à nos échanges et favorise une économie locale en circuit court qui respecte l'homme et la nature.

Emprunter ce chemin a été pour moi comme un saut dans le vide (à l'image de la parabole de Sessen Dôji[6]) en quittant la sécurité d'un travail salarié. J'ai dû faire face à mes démons intérieurs et les affronter, ceux de la peur et

6. Sessen Dôji (Le garçon Montagnes-Neigeuses) recherchait intensément l'éveil. Le dieu Taishaku lui apparut sous forme de démon et lui donna la moitié de la phrase pour atteindre l'éveil. Il lui promit la seconde moitié de l'enseignement à condition qu'il se jette du haut d'un rocher pour lui offrir sa chair. Sessen Dôji accepta, inscrivit la stance sur les arbres et rochers pour permettre à tous d'atteindre l'éveil et alla se jeter du haut d'une falaise. Alors le dieu reprit sa forme sauva Sessen Dôji et salua son engagement pour atteindre la bouddhéité. Je comprends la foi comme cet acte de se jeter dans le vide, acte d'engagement total.

de l'angoisse, de la crainte de l'avenir. S'engager sur un chemin qui n'a pas encore été parcouru nécessite d'ancrer en soi une confiance dans la vie que j'ai puisée dans ma pratique quotidienne du bouddhisme ; réciter le titre du Sûtra du Lotus, *Nam-myoho-renge-kyo*, et des extraits des deux chapitres contenant l'enseignement essentiel du Bouddha.

S'engager dans ce projet a été pour moi comme suivre le chemin qui a du cœur, c'est-à-dire celui qui nous donne de l'élan, une motivation intérieure pour accomplir quelque chose qui a une valeur pour moi et pour la société ; c'est la voie de la création de valeurs qu'enseigne mon maître, Daisaku Ikeda, qui nous soutient dans notre révolution humaine, un concept propre à notre école bouddhique. Il s'agit de transformer notre vie et notre environnement en surmontant nos faiblesses ainsi que toutes les difficultés que nous rencontrons. Je ressens de la joie en agissant pour ce projet grâce à la rencontre d'autres êtres humains qui créent des valeurs à travers leur savoir-faire et qui contribue de manière positive au « *Buen Vivir* » tel que les peuples premiers d'Amérique du Sud l'expriment ; un processus de développement humain en harmonie avec la nature.

Je conclurai donc mon propos en énonçant que l'« économie du bonheur » est une économie qui prend soin de l'être humain et de la nature[7] et, pour réaliser ce défi, il n'y a pas d'autre voie que commencer par se changer soi-même.

---

7. Prendre soin. Lors d'une conférence, Emmanuel Desjardins a expliqué qu'il faut cesser de vouloir changer le monde. Pour l'illustrer, il prend l'exemple d'un couple. Si l'un des partenaires essaie de faire changer l'autre, sans doute par rapport à quelque chose qu'il n'aime pas chez l'autre, cela va la plupart du temps générer des conflits et mal tourner. Si un couple s'aime, chacun prend soin de l'autre. Ainsi, plutôt que d'entrer en conflit avec le monde, il faut tenter de l'aimer pour pouvoir prendre soin de lui.

Planter de nouvelles graines

Étienne Hayem

J'ai grandi en étant athée. Ma mère venait d'une famille catholique. J'ai donc un peu de ce socle-là. Mon père est d'origine juive, mais je n'ai pas reçu l'enseignement de cette religion. J'ai grandi sans cette dimension verticale, cette dimension invisible : c'est donc seul que j'ai découvert le tao. En 2008, j'étais en école de commerce et, pendant un voyage d'un semestre en Argentine, j'ai rencontré des Chinois qui m'ont enseigné le tao en espagnol. C'est donc là que j'ai rencontré l'invisible. C'est au moment où j'étudiais la finance internationale et la crise des *subprimes*, où j'éprouvais beaucoup de colère contre les multinationales, contre les banques, à force de passer mes journées sur l'Internet à étudier tout cela et à exprimer ma colère à travers mon blog [*http://www.zoupic.com*] pour avertir de ce qui allait se passer, c'est à ce moment que j'ai compris que l'autre est une partie de moi et que ce que j'envoyais vers le monde me revenait comme un boomerang. Je faisais partie de ce que je critiquais. Le tao m'a calmé et m'a fait prendre conscience que je ne pouvais pas envoyer gratuitement de la colère à tout va et que, si je voulais changer le monde, cela se passait d'abord en moi.

Comme j'avais suivi et entendu ceux qui parlaient de la crise économique avant qu'elle n'arrive, je l'ai vue venir un peu avant tout le monde et j'ai alors décidé de me former aux monnaies complémentaires. Les paradis fiscaux et la spéculation ne sont que les branches d'un arbre malade, qui vont repousser ailleurs si on les coupe. Nous devons planter de nouvelles graines. L'homme a érigé l'argent en religion et institué le travail de l'argent (l'intérêt) comme un principe, là où des religions comme l'islam le considèrent comme de l'usure et en bannissent la pratique. Historiquement, la religion catholique avait aussi interdit cette pratique, qu'elle nommait l'usure.

Il est intéressant de constater à quel point le vocabulaire de l'économie est lié à notre spiritualité et à notre relation au divin : des mots comme bénéfice, au sens de faire le bien en latin, ou comme dette, dont l'équivalent allemand est de la même famille qu'être coupable, ou comme crédit mutuel, le fait de croire mutuellement en nous, ou comme monnaie fiduciaire, qui vient de foi, une monnaie en laquelle on croit. Tout se passe comme si nous naissions avec le devoir de rembourser une dette que nous aurions contractée par notre seule présence. David Graeber, dans son livre *Dette : 5 000 ans d'histoire*[8], retrace l'histoire des instances qui se sont placées entre nous et le divin pour nous aider, selon leurs critères, à nous acquitter de cette dette.

Je pense que la crise économique n'est pas terminée : il est temps de prendre conscience que l'argent n'a pas de valeur absolue, autre que la confiance que nous lui conférons. La monnaie n'est plus garantie en or depuis 1971. Elle est créée principalement par les banques privées par le mécanisme du crédit. Nous payons des intérêts sur quasiment tout : 33 % du prix d'un verre d'eau servent à payer les intérêts des emprunts contractés par les différents entrepreneurs pour créer leur entreprise. C'est la même chose pour la dette française. On ne pourra pas s'en sortir sans en venir, à un moment, à annuler les dettes : cela s'est déjà fait dans le passé.

Aujourd'hui, je participe à un projet de création de monnaie complémentaire pour la région Île-de-France, qui s'appelle Symba. Symba est le nom du lion dans le film *Le Roi Lion*. Il représente la souveraineté retrouvée dans la capacité à se faire crédit (du verbe « croire », en latin), à nous faire mutuellement confiance (crédit mutuel...). Ce projet, lancé en 2013, est soutenu par la région Île-de-France. Le

8. Éditions Les liens qui libèrent, 2013.

problème n'est pas l'argent en tant que tel, mais les règles d'utilisation qu'on lui donne. La proposition est de changer les règles et en même temps notre façon de faire, de passer d'un mode de compétition à un mode de coopération. L'argent n'existe pas seul, mais uniquement parce qu'on a foi en lui. Il n'est que le vecteur qui représente la richesse, mais c'est nous qui lui donnons son pouvoir, et aujourd'hui il nous emmène là où nous ne voulons pas aller. Est-il alors possible de donner notre pouvoir à quelque chose qui nous emmène là où nous voulons aller ? La proposition est donc d'utiliser le même outil, la monnaie, avec une convention différente. Les monnaies complémentaires sont définies dans une charte qui précise leur destination, leur mode opératoire, les commerces qui sont acceptés dans le circuit. Elles peuvent viser à valoriser le commerce local, l'économie circulaire, voire une certaine éthique ou certaines actions. C'est une activité, une aventure citoyenne qui permet à des personnes, des individus, des particuliers, de se rassembler, de réfléchir ensemble afin de reprendre du pouvoir sur une économie qui aujourd'hui nous dépasse.

La rencontre interreligieuse de ce jour est très précieuse : elle permet de créer des ponts entre des représentants de différentes religions, de voir ce que l'on a en commun, de remettre les valeurs dans le bon ordre et le sens au bon endroit. Les religions ont une capacité d'action importante par le pouvoir et la responsabilité qu'elles ont de mener à un chemin ou de l'indiquer, de se réunir pour tirer une sonnette d'alarme aujourd'hui et de dire qu'on ne va plus dans le bon sens et que nous sommes d'accord là-dessus, quels que soient par ailleurs nos points de vue sur la manière d'être en « reliance » avec Dieu. Nous, humains d'aujourd'hui, sommes complètement décalés par rapport à cette route ou à ce chemin, quel qu'il soit, et sommes d'accord pour dire qu'il y a un problème, et que nous voulons proposer d'autres solutions.

L'économie du bonheur est plus aujourd'hui un sujet de débat que la réalité de notre économie. L'augmentation du PIB n'est plus liée à l'augmentation d'un indice de bonheur. Différentes études montrent que, au-delà d'une certaine rémunération, les deux variables ne sont plus liées : plus d'argent ne signifiera pas plus de bonheur. Nous avons érigé l'argent au centre de nos sociétés comme notre nouvelle religion, comme si le paradis sur terre résidait dans le fait d'être riche. Il est paradoxal de constater que la propriété du métal argent est de séparer, de couper les liens. La religion, quant à elle, vise à relier les humains. En plaçant la monnaie au centre de nos vies, nous nous sommes donc fabriqué une religion de la séparation. Pas étonnant que nous nous retrouvions, malgré nous, dans une société individualiste où l'individu serait l'aboutissement de tout et où nous nous retrouvons seuls.

L'argent n'est pas devenu par lui-même un instrument de pouvoir. David Graeber nous enseigne que la monnaie n'est pas arrivée après le troc ; au commencement, il y avait l'économie du don. L'idée selon laquelle la monnaie aurait remplacé le troc est une fable, un mythe proposé par Adam Smith (1723-1790), mais qui ne retrace pas fidèlement le contexte anthropologique de notre humanité. La monnaie est en fait arrivée de façon simultanée avec l'État, l'armée, les impôts et la menace de violence en cas de non-paiement. C'est Léon Tolstoï qui a écrit, dans *L'Argent et le Travail*[9] : « L'argent est moyen d'échange, si, et seulement si, il est simultanément moyen d'oppression. » Cette phrase fut une révélation pour moi ; soudainement elle expliquait pourquoi nous avons tous tant besoin de la monnaie, parce qu'elle nous est demandée régulièrement pour nous acquitter de notre contribution au collectif : les impôts. En plus d'être le moyen d'échange vital pour les transactions du quotidien, avoir de la monnaie permet de se libérer du devoir à venir de s'acquitter d'un impôt.

David Graeber explique longuement comment l'intérêt est le prolongement de l'esclavage, une façon, sans violence

9. Édition des Syrtes, 2010.

physique mais avec une grande violence numérique, de prolonger des rapports de force absolument inégaux. Deux exemples donnés par Tolstoï dans son ouvrage sont fascinants. Le premier concerne la façon dont les îles Fidji se sont transformées en l'espace de quinze ans à la suite d'une menace des États-Unis : en 1869, elles ont successivement cédé 200 000 hectares de leurs meilleures terres, le droit d'émission monétaire, la gouvernance de l'île, et progressivement asservi leur population de 100 000 autochtones au service des 1 000 colons américains pour pouvoir faire face à l'institution progressive de la monnaie dans leur société, invention qu'ils n'utilisaient pas auparavant. C'est dans un acte de menace de guerre et de demande de rançon que commence cette histoire et l'on découvre dans le livre le processus progressif qui étouffe la population. Tolstoï parle des choix du chef des autochtones dans la recherche de solutions pour régler cette dette auto-proclamée par les Américains de 45 000 dollars. L'histoire se termine avec la mise en place d'un impôt sur le travail pour pouvoir rétablir un budget équilibré. On retrouve ce même processus d'étouffement progressif depuis le sommet du pays jusqu'aux paysans et à chaque citoyen, et cette réorganisation de la société dans l'histoire de l'Ancien Testament, et comment Joseph proposa au pharaon de stocker le grain après sept années de récoltes abondantes.

Tolstoï distingue dans l'histoire de l'humanité trois formes de servitude : l'esclavage personnel imposé par la violence ; l'esclavage imposé par la faim ; et enfin l'asservissement par l'impôt, caractéristique des systèmes monétaires et du despotisme centralisé. Ces schémas et scénarios sont assez similaires à ceux que nous observons depuis la fin de la Seconde Guerre mondiale, avec l'action couplée du Fonds monétaire international (FMI), de la Banque mondiale (BM) et de l'Organisation mondiale du commerce (OMC). En questionnant le bonheur et l'économie, c'est toute la chaîne de liens et de relations de pouvoir que nous secouons, à la recherche de notre propre émancipation, des valeurs qui nourrissent la vie et nous nourrissent. Le chemin est long, mais nous sommes sur la bonne voie.

Edgar Morin écrit dans *Éthique*[10] : « L'éthique est, pour les individus autonomes et responsables, l'expression de l'impératif de reliance. Tout acte éthique, répétons-le, est en fait un acte de reliance, reliance avec autrui, reliance avec les siens, reliance avec la communauté, reliance avec l'humanité et, en dernière instance, insertion dans la reliance cosmique. »

10. *La méthode*, tome 6, Le Seuil, 2004, et *La méthode*, vol. II, coll. Opus, Le Seuil, 2008, p. 2239.

Assumer la responsabilité de sa liberté

Omero Marongiu-Perria

L'ÉCONOMIE DU BONHEUR est un sujet complexe qui peut être abordé sous des aspects différents. On peut démarrer avec la dimension sociale de l'activité humaine, qui ne se résume pas aux échanges économiques. D'un point de vue musulman, je peux considérer que l'être humain est disposé, par sa nature, à entrer en interaction avec un monde dans lequel la diversité dans l'unité est la règle. Dit autrement, il s'agit de considérer qu'il n'existe pas de différence fondamentale entre l'être humain et le reste de la création, dans ses constituants de base. Le récit de la création de l'Homme, à travers son archétype adamique, indique également que tous les êtres humains sont unis dans une même filiation, et le père de l'humanité a été créé avec les composants de base du monde terrestre. Cela forge un état d'esprit ; nous sommes une partie du monde, nous sommes un élément de l'univers au même titre que tous les autres éléments. Sauf que Dieu nous a donné une capacité d'action dans le monde, qui dépasse celle qu'ont les autres êtres créés. L'homme peut ainsi agir, parfois d'une façon démesurée, dans ce monde.

L'être humain, entre liberté et responsabilité

Cela m'amène à réfléchir sur l'interaction entre liberté et responsabilité. Puisque je suis doté de ma liberté, jusqu'où puis-je aller ? Et dois-je, en quelque sorte, m'« autocensurer » ? Cette première considération m'amène à réfléchir sur la notion de bonheur ; est-ce que l'on aborde ce thème de l'économie du bonheur à partir d'un ancrage individuel ou doit-on d'emblée l'aborder dans sa dimension collective ? De même, puis-je réellement me considérer vivre dans une forme de bonheur si les autres, ceux que je connais et ceux que je ne connais pas mais qui font partie de ce monde, vivent dans la souffrance ? Si on définit le bonheur comme un état de béatitude durable ou permanent, dans lequel les souffrances ont disparu, où le stress ou les angoisses ne sont plus là, et bien disons simplement qu'il y a énormément d'êtres qui sont en état de souffrance. Pour affirmer cela, je m'inspire à la fois de mes références musulmanes et de celles que vous avez citées préalablement, car je considère que nous avons des modèles d'inspiration convergents. Vous avez par exemple cité la référence biblique : « Aimez-vous les uns les autres », et il est très important de rajouter « comme je vous ai aimés ». Cette parole signifie qu'il existe un modèle en la personne du Christ dans sa vie personnelle, dans la façon dont il a traduit le message reçu du Père. Pour nous, les musulmans, il y a une parole qui va dans ce sens, que l'on attribue au prophète Mohammed : « Vous ne pourrez atteindre la plénitude de la foi que lorsque vous désirerez pour les autres ce que vous désirez pour vous-même. » C'est le type de propos prophétique qui pose problème au croyant parce qu'on peut l'entendre à deux niveaux ; le premier niveau est intra-communautaire et il signifie : « Vous désirerez pour votre frère en religion ce que vous désirez pour vous-même. » Aussi, il est indéniable que cette interprétation restreint la portée de cette parole universelle. Or, les exégètes musulmans, depuis l'avènement de l'islam, ont toujours pris ce type de propos dans un double sens ou à un double niveau : au-delà du niveau intra-communautaire, il y a un second niveau qui tend vers l'universel et chacun de nous, dans nos traditions, possédons cet ancrage personnel et particulier à partir duquel il est important de nous penser dans un monde complexe en tendant vers l'universel. Parler d'universel, à partir de la nature et de l'interaction des êtres humains, revient à affirmer que je tends vers l'universel à la fois à partir de ma relation au divin, mais également en aidant l'autre à réaliser la plénitude de sa condition humaine. Et c'est là où, personnellement, je me situe dans un champ critique, en essayant de développer la vision radicale suivante : je ne peux pas considérer que je puisse vivre un bonheur personnel si je ne fais pas d'action concrète pour que les autres puissent vivre au moins de manière digne leur condition humaine. Cette vision doit amener à revoir complètement sa façon de vivre.

Vivre le bonheur à travers ses engagements

Personnellement, j'essaie modestement de m'engager à mon niveau et selon mes possibilités ; je suis membre du comité d'éthique du Secours islamique France, une Organisation non gouvernementale (ONG) humanitaire qui, depuis plusieurs années, réfléchit de manière assez profonde sur cette dimension de l'action humanitaire. Il faut d'ailleurs avouer que l'humanitaire confessionnel est divisé en différentes structures ayant des visions du monde parfois très tranchées. Il existe un humanitaire confessionnel prosélyte, c'est une réalité, mais il existe aussi un humanitaire confessionnel qui tend vers cet universel. Ce que vous avez évoqué tout à l'heure est assez impressionnant ; nous voyons une communauté dans laquelle des gens, de traditions religieuses différentes, partagent le même ancrage culturel et ils sont dans une logique de coopération parce qu'il s'agit de survie. Quant à nous, vivant dans des sociétés plus évoluées au plan matériel, n'avons-nous pas pour rôle de contribuer à ce que ces personnes puissent passer du stade de la lutte et de la souffrance au stade de la coopération vers un développement harmonieux ? C'est un engagement qui m'anime de manière très profonde, je le fais à travers mes références religieuses, mais aussi en puisant chez deux auteurs qui m'ont beaucoup marqué ces dernières années. Le premier est Paul Ricœur, théologien protestant qui a développé la notion d' « éthique de responsabilité » en tant que triade : il y a moi, l'autre que je connais et tous ceux que je ne connais pas, mais dont je dois tenir compte dans mon rapport au monde. Le second est le théologien de la vision radicale de l'autre, Emmanuel Levinas, qui, après le traumatisme de la Seconde Guerre mondiale, a beaucoup approfondi, à partir de son ancrage juif, sa lecture de l'Ancien Testament. Il a développé une éthique de responsabilité radicale puisqu'il traduit cette parole biblique : « Tu aimeras ton prochain comme toi-même » par : « Ton prochain est le reflet de toi-même. » Cela revient à affirmer que mon prochain est une part de moi-même ; je ne peux pas vivre sans la conscience de mon prochain et sans la responsabilité que j'ai à son égard, que je le connaisse ou non. Cette vision radicale nous permet de prendre conscience au quotidien des limites que l'on doit s'imposer et de la nécessité de coopérer avec les autres.

Le bonheur par la limitation de soi-même

C'est pour cela, entre autres, que je suis adepte de la logique de décroissance et de coopération. Je ne suis absolument pas spécialiste dans ce domaine, mais j'y réfléchis à titre personnel, en tant que citoyen, avec ma famille, mon entourage. Je ne prétends pas vivre dans une hutte au milieu de la forêt, mais j'essaie simplement de vivre dans une certaine logique, qui consiste tout d'abord à limiter le gaspillage autant que faire se peut. Ce sont des comportements du quotidien, des actions conscientes et réfléchies : ne pas gaspiller le papier, l'eau, par exemple, non pas que nous en manquions à Nantes, mais pour vivre avec la « conscience » de l'eau. De même, en ce qui concerne l'utilisation de l'argent, du patrimoine, ne pas gaspiller en achetant à tort et à travers, car l'argent économisé peut être consacré à des choses utiles au plan collectif. Pour pouvoir vivre cela d'une manière plus intense, nous nous sommes lancés, mon épouse et moi, dans un projet qui consiste à créer, dans la région du Maroc dont ma femme est originaire, un cercle vertueux dans une campagne un peu aride, en essayant de planter des arbres, de développer l'accès à l'eau. Quand vous visitez une campagne où l'électricité a été installée il y a sept ou huit ans, où les gens n'ont pas encore accès à l'eau courante, vivent de manière très précaire et où des enfants de 6 ans doivent marcher plusieurs kilomètres à travers les champs pour aller à l'école, vous avez deux solutions : soit y aller pour faire un petit break, manger un bon tajine, faire quelques photos et rentrer à Nantes, soit vous vous imposez de vivre avec la conscience de ce qu'ils vivent au quotidien.

Aujourd'hui, dans ma vie quotidienne à Nantes, il y a toujours une partie de moi qui me dit : « N'oublie pas le projet que tu as. » Cela signifie limiter sa consommation, se renseigner sur des techniques agricoles, renouer avec des choses dont nous avons complètement perdu la conscience aujourd'hui. C'est une optique que j'essaie de développer et de transmettre parce qu'elle modifie complètement notre vision du monde. Aussi, l'un des reproches que je fais à mes coreligionnaires et à mes amis catholiques ou monothéistes, c'est que nous menons beaucoup de débats interreligieux sur la notion de Dieu et sur le rapport que nous entretenons à lui, au détriment parfois de débats sur « comment notre conscience de croyants nous amène à nous positionner dans un monde complexe, qui n'est pas celui de la coopération, en tout cas du point de vue politique global ». Cette source théologique devrait nous amener à nous penser dans un monde où notre vérité, c'est-à-dire notre conception de Dieu que nous estimons être la vraie, nous aide à nous penser au service de l'autre et non pas à vouloir faire en sorte que l'autre soit un clone de nous-même. Cela bouleverse complètement le champ des représentations. C'est une tout autre manière de voir la communauté des êtres humains. On peut également le faire en intra-communautaire ; au-delà des caricatures qui peuvent en être données aujourd'hui dans les discours médiatiques, il y a dans le Coran tout un pan qui tend vers cet universel, qui parle de la création des êtres humains, de leur diversité et de la nécessité de vivre avec autrui. Il y a aujourd'hui une réappropriation de cette approche par des croyants monothéistes, et particulièrement des musulmans qui tendent vers cet universel. Cela se fait dans une double tension ; d'un côté, il n'est pas facile de coopérer avec l'autre que je ne connais pas quand je vis dans un certain confort. D'un autre côté, il n'est pas facile de quitter le registre de la vérité pour tendre vers l'universel où c'est l'humain qui est placé au centre, parce qu'on peut être accusé de tendre vers un humanisme déconnecté de la relation de transcendance. Je suis persuadé que les croyants devraient passer plus de temps sur ces questions.

Je terminerai mon propos avec un petit exemple illustratif de cet état d'esprit ; dans la tradition musulmane, nous célébrons un office quotidien avant lequel nous accomplissons une ablution rituelle par laquelle nous nous lavons les membres avec de l'eau. Le prophète Mohammed dit à ce sujet : « Si tu fais tes ablutions à l'eau d'un fleuve, sois économe. » C'est-à-dire que tu dois avoir la conscience de l'économie dans la vie, pour ne pas encombrer ta relation à Dieu, même en utilisant quelque chose qui n'a pas vocation à s'estomper. C'est une manière de prendre conscience des valeurs que Dieu nous a données.

Bibliographie des auteurs

Foudil Benabadji :

Quel avenir pour les musulmans de France ? Un programme. Un projet, Éditions Publisud, mars 2015.

Le soleil de demain, Islam et laïcité au seuil des temps modernes, Éditions Domens, Pezenas, 2004.

Tarik Bengarai Abou Nour

Ibn 'Âshir : L'essentiel de la religion musulmane, Tawhîd, fiqh et spiritualité, 2e édition augmentée, Iqra, 2010.

Comprendre la Finance islamique : principes, pratiques et éthique, Les 4 Sources, 2010.

Guide du musulman. La voie du croyant selon le Coran et la Sunna (questions/réponses sur le dogme), Les 4 Sources, 2012.

Bernard Billaudot

« Qu'est ce qu'un bien commun ? », *Revue de l'organisation responsable*, vol. 7, n° 2, second semestre 2012.

« Institution et justification », *Revue française de socio-économie*, n° 1, 2008.

Régulation et croissance. Une macroéconomie historique et institutionnelle, Paris, L'Harmattan, 2001.

Christian Delorme

Il est l'auteur de plusieurs livres, dont, ces dernières années :

L'islam que j'aime, l'islam qui m'inquiète, Bayard, 2012.

La Marche. La véritable histoire qui a inspiré le film, Bayard, 2013.

Marion Genaivre :

Articles parus sur le site des *Échos* :

« Le philosophe et l'entreprise, une fable de notre temps », 13 novembre 2013.

« Que cache le fait religieux dans les organisations ? », 6 février 2015.

« Laïcité, une bonne réponse au fait religieux ? », 8 mars 2015.

« Le corps : une machine à sensations encombrantes ? », 2 juin 2015.

Gaël Giraud

La Théorie des jeux, Flammarion, 2000.

Vingt Propositions pour réformer le capitalisme, Flammarion, avec Cécile Renouard, 2009.

Le Facteur 12, Carnets nord, avec. Cécile Renouard, 2012.

Illusion financière, Éd. de l'Atelier, 2013, prix lycéen du livre d'économie.

Et de nombreux articles dans *Études, Projet, Esprit, Christus, Recherches de science religieuse, Gregorianum...*

Paula Kasparian

« Le toucher de l'esprit – Connaissances révélées et connaissances scientifiques » (thèse de philosophie), C.R.H.I., Laboratoire C.N.R.S. de philosophie, Nice, 2001. Diffusion ANRT, Lille, 2002.

« Les apports de Jean Piaget à l'épistémologie des sciences sociales » (thèse d'épistémologie des sciences économiques et sociales), Paris I, 1983.

« Le toucher de l'esprit, une alternative à la thèse du heurt des civilisations » in *La matière et L'esprit* (numéro paru sous la direction du professeur Alain Bentolila, linguiste), université de Mons (Belgique), 2008.

« Longtemps je t'ai cherché » in *Lettres à Dieu* (sous la direction de René Guitton), Calmann-Lévy, Paris, 2004. Traduit et diffusé dans différentes langues européennes, asiatiques et arabes. Étudié à l'université italienne de Chiéti-Pescara.

« L'émergence institutionnelle d'une âme pour l'Europe » in *Bulletin Teilhard de Chardin*, 2004.

« Le concept de Sinaï », UNESCO, Paris, 1999.

Serge-Christophe Kolm

« La production optimale de justice sociale », conférence prononcée au colloque Économie publique organisé à Biarritz du 2 au 9 septembre 1966, *in* J. Margolis and H. Guitton (éd.), *Économie publique*, CNRS, Paris, 1968, pp. 109-177 ; *Public Economic*, McMillan, Londres, 1969, p. 145-200.

Justice et équité, Paris, CEPREMAP, 1971 ; réédition, Paris, CNRS, 1972.

Le bonheur-liberté. Bouddhisme profond et modernité, PUF, 1982.

Philosophie de l'économie, Paris, Le Seuil, 1986

Reciprocity – An Economics of Social Relations, Cambridge University Press, 2007.

Edmond Lisle

L'Anglais économique : dictionnaire de concepts, Cujas, 1961.

L'Épargne et l'Épargnant, Dunod, 1962.

Recherche scientifique et aménagement du territoire, Rapport au gouvernement, 1973, Documentation française, Paris.

En collaboration avec Howard Machin et Sy Yasin, *Traversing the Crisis: The Social Sciences in Britain and France*, ESRC London, 1984.

"Validation in the social sciences by international comparison", *Revue internationale des sciences sociales* (versions française, anglaise et chinoise), UNESCO, vol. XXXVII, n° 103, n° 1, 1985.

"Scientific discovery – for business, for society – at any price?", *Science and Public Policy*, vol.22, n° 4, August 1995.

Nombreux articles sur la consommation, l'épargne, les modes de vie, le développement économique, la recherche scientifique, le thème « science et foi ».

Lettres trimestrielles d'Artisans de Paix, de 2001 à 2009.

Éditoriaux de la revue trimestrielle de la Fraternité d'Abraham, depuis 2009.

Cécile Renouard

Éthique et entreprise, Éditions de l'Atelier, 2013, nouvelle édition Poche, 2015.

L'entreprise au défi du climat, coécrit avec Frédéric Baule et Xavier Becquey, Éditions de l'Atelier, 2015.

20 propositions pour réformer le capitalisme, dirigé avec Gaël Giraud, Champs-Flammarion, 2012.

La responsabilité éthique des multinationales, PUF, 2007.

L'HARMATTAN ITALIA
Via Degli Artisti 15; 10124 Torino

L'HARMATTAN HONGRIE
Könyvesbolt ; Kossuth L. u. 14-16
1053 Budapest

L'HARMATTAN KINSHASA
185, avenue Nyangwe
Commune de Lingwala
Kinshasa, R.D. Congo
(00243) 998697603 ou (00243) 999229662

L'HARMATTAN CONGO
67, av. E. P. Lumumba
Bât. – Congo Pharmacie (Bib. Nat.)
BP2874 Brazzaville
harmattan.congo@yahoo.fr

L'HARMATTAN GUINÉE
Almamya Rue KA 028, en face
du restaurant Le Cèdre
OKB agency BP 3470 Conakry
(00224) 657 20 85 08 / 664 28 91 96
harmattanguinee@yahoo.fr

L'HARMATTAN MALI
Rue 73, Porte 536, Niamakoro,
Cité Unicef, Bamako
Tél. 00 (223) 20205724 / +(223) 76378082
poudiougopaul@yahoo.fr
pp.harmattan@gmail.com

L'HARMATTAN CAMEROUN
BP 11486
Face à la SNI, immeuble Don Bosco
Yaoundé
(00237) 99 76 61 66
harmattancam@yahoo.fr

L'HARMATTAN CÔTE D'IVOIRE
Résidence Karl / cité des arts
Abidjan-Cocody 03 BP 1588 Abidjan 03
(00225) 05 77 87 31
etien_nda@yahoo.fr

L'HARMATTAN BURKINA
Penou Achille Some
Ouagadougou
(+226) 70 26 88 27

L'HARMATTAN SÉNÉGAL
10 VDN en face Mermoz, après le pont de Fann
BP 45034 Dakar Fann
33 825 98 58 / 33 860 9858
senharmattan@gmail.com / senlibraire@gmail.com
www.harmattansenegal.com

L'HARMATTAN BÉNIN
ISOR-BENIN
01 BP 359 COTONOU-RP
Quartier Gbèdjromèdé,
Rue Agbélenco, Lot 1247 I
Tél : 00 229 21 32 53 79
christian_dablaka123@yahoo.fr

Achevé d'imprimer en novembre 2015 sur rotative numérique Prosper
par Soregraph à Nanterre (Hauts-de-Seine).

Dépôt légal : novembre 2015
N° d'impression : 14831

Imprimé en France

L'imprimerie Soregraph est titulaire de la marque Imprim'vert® depuis 2004.